Auf der Suche nach dem, was Marx uns heute sagen will

マルクスの心を聴く旅

若者よ、マルクスを読もう 番外編

内田 樹×石川康宏＋池田香代子

かもがわ出版

本書は「内田樹《たつる》さん、石川康宏さんと訪ねるマルクスの旅」と銘打ったドイツ、イギリス八泊九日の旅の記録です（旅行社：（株）たびせん・つなぐ、後援：かもがわ出版）。お二人の対談、発言等をすべて収録するとともに（同行した池田香代子さんのお話も）、三人が刺激を受けた旅の様子を「旅ガイド」として掲載しました。その部分の執筆は、同行したかもがわ出版の松竹《まつたけ》伸幸編集長です。写真提供は特に明示していない限り箱木五郎さん、装丁は上野かおるさんです。

第一部
ドイツ編

歴史のなかでマルクスを読むこと

マルクスの生家の裏庭で　左が内田さん、右が石川さん

旅 ガイド

（3月23日）

いよいよ「内田樹さん、石川康宏さんと訪ねるマルクスの旅」の始まりです。この日は、ただただ移動日。成田空港、関西空港から総勢四五名が、一二時間の長旅でそれぞれデュッセルドルフ空港、フランクフルト空港に降り立ち、バスに乗り換えてひたすらトリーアへ向かう旅です。それでは、関空から飛び立つ内田さん、石川さんからご挨拶を（関空での写真提供は根木山幸夫さん）。

内田：内田樹です。こんなにたくさんお集まりいただけるとは思っていませんで、もっと小規模な旅か、あるいは集まらずに中止になるんではと懸念しておりましたが、たくさんの方にお集まりいただきまして、大変うれしく思います。わたくし、団体旅行は基本的に大変好きでして、楽しいものになることを願っております。どうかよろしくお願いいたします。

石川：石川康宏です。ぼくは、ヨーロッパは初めてです。ツアーというこんな大人数での旅行に参加するのも初めてで、じつは、そういうものをできるだけ避けて生きてきたんです。けれども、今回は、旅行社と出版社の陰謀によって、こんなふうに連れて行かれることになってしまいました。ご迷惑をかけないようにしたいと思います。よろしくお願いします。

旅ガイド
（3月24日）

おはようございます。昨日の長旅、ご苦労様でした。

本書を手にする方ならご存じのように、お二人にはこれまで、『若者よ、マルクスを読もう』（略称：『若マル』）を二冊書いていただきました。カール・マルクスのいくつかの著作を取り上げ、往復書簡を交わそうという本です。一冊目が「二〇歳代の模索と情熱」

とのサブタイトルで二〇一〇年、二冊目が「蘇るマルクス」で二〇一四年です。一冊目は一年ほどでできあがりましたが、二冊目には四年近くかかりました。次回作は、マルクスの同志であったフリードリッヒ・エンゲルスの諸著作を取り上げる予定ですが、完成にはまだまだ時間がかかりそうです。なぜかというと、二冊目で内田さんが書いておられますが、この間、日本の政治が劣化して、お二人が忙しくなってきたからです。最近は、その劣化を食い止めるために努力される時間も、半端なものではなくなっています。

そこで、マルクスを論じているのですから、マルクスが生きた土地を訪ねたら、本を書いていく上でいろいろ刺激があると思いませんかとお誘いしました。そうしたら、内田さんが「そうだね。マルクスに稼がせてもらっているのだから、お墓に花でも手向けないとバチがあたるね」とおっしゃり、旅が実現することになりました。石川さんは「二時間以上の時差があるところには行きたくない」と言われたのですが、そこは強引に説き伏せました。

この話を何かの機会に池田香代子さんに伝えたところ、「私も行く!」。なぜ池田さんがその気になったかは、おいおい明らかになるでしょう。

いまからホテルを出発し、バスに乗ってトリーア市内に向かいますが、まず丘に登って市を見渡してみましょう（一〇、一一ページ写真）。とりあえず、旅の開始に当たって、三人にご挨拶をお願いします。

●日本を分析する時に、マルクスが深い示唆を与えてくれる

石川：関空を飛び立ってから、「まだ寝るな」と言われたり、「さあ食べろ」と言われたり、あたふたとここまでやって来ました。旅の期間中、内田先生と二回対談すればそれでいいんだと思って、気楽に来たんですが、なんだか、そこかしこで「しゃべれ」と言われそうなので、「派遣労働だと思ってきたら偽装請負だった」みたいな話を、このテーブルでしていました。いま、かもがわ出版の松竹さんからお話がありましたが、核心部分は、いろいろ言っても「早く本を書け」ということだと思いますので、がんばって書きたいと思います。

少し言い訳をしておくと、内田先生とぼくが最近忙しくなってしまったことの大きな要因は、次の二つの政治の動きです。一つは、安倍政権の誕生とその政治のあまりの危険性ですね。これはひどい。同時に、もう一つは、大阪での橋下さんたちの動きでした。それによって、政治の現場のいろんな動きに巻き込まれざるを得なくなっていきました。若い

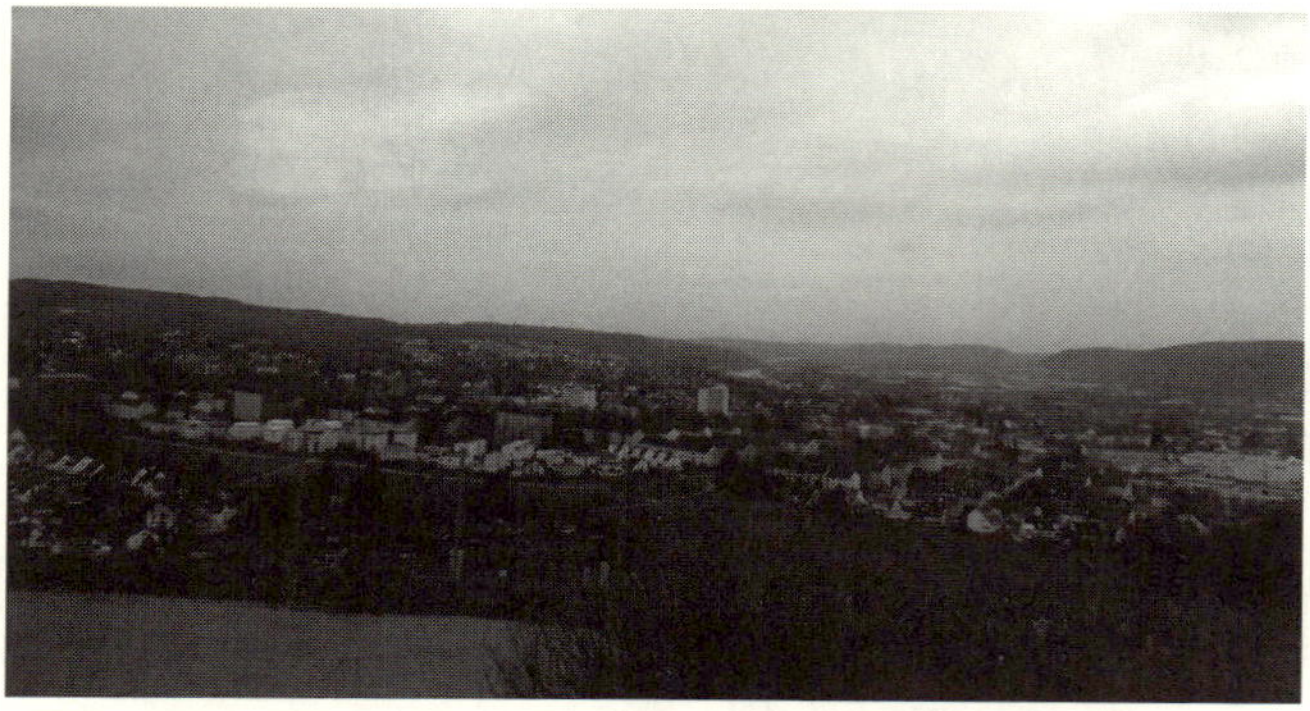

ペトロの丘からトリーアの街を一望

人たち、シールズのみなさんなどと関わるのは、とても楽しいことで、やりがいのあることではあるんですが、やはり時間は削られます。

ここ数年、マルクスについて書くことが増えていますが、じつは、マルクスについて本を書いたのは、『若者よ、マルクスを読もう』が最初なんです。若い頃からずっとマルクスを研究してきたということではないんです。だからドイツに来たのも初めてですし、ドイツ語もグーテン・モルゲンに毛が生えた程度のものです。ただ、自分が生きている日本の資本主義社会を分析しようとした時に、一番深い示唆を与えてくれるのはマルクスだという実感があり、それで断片的にマルクスをあれこれ読んできたというのが実情です。そんな人間であるにもかかわらず、いや、むしろそういう人間だからなのかもしれませんが、最近になって「分かりやすくマルクスについて書いて」というご依頼をいただくようになりました。来年で、もう六〇歳ですから、若い人たちに向けてそういう本を書くのも、お役目かなあと感じています。

関空を出るときに「最後の晩餐」で、それぞれうどんとそばをすすりながら、内田先生に「対談どうしましょうね」と話をふったら、「いいんじゃないの、そのとき思いついたことで」ということですべてが終わりました。きっとそういうお話になるんだろうと思います。よろしくお願いいたします。

●初めてのドイツ、初めてのイギリスだから

内田：そういうような事情で、ほんとうにまあ、率直に言ってよく分からないままに、気がついたらこんなところに来ております。松竹さんから来た話というのを、『若者よ、マルクスを読もう』を二冊書いたお礼をしたいのでドイツとイギリスに行きませんかという話だ、出版社の顎足付きで旅行するんだと思い込んで、いやがる石川さんを、「いいじゃない、行こうよ」と誘っていたんです。そうしたら、旅行の打ち合わせのときになぜか旅行社の社長がやってきて、三人で旅行するのになんで旅行社が来るんだろうという疑問を

ペトロの丘から見た円形劇場跡（手前はブドウ畑）

感じる余裕もないまま、ぱっぱかぱっぱかと今回のツアーが決まってしまったというわけです。ぼくらに本の続きを書かせるという、大がかりな謀略があって、そのなかにわれわれは巻き込まれてしまいました。

ただ、ぼくは武道家ですから、隙を突かれて後手に回ったとカミングアウトするわけにはゆきません。気持ちを即座に切り替えて、『いや、じつは前からドイツ、イギリスに行ってマルクス理解を深めたいと思っていたのです』とにこやかにオファーに応じたのです。

ぼくもドイツ、イギリスは初めてでして、これをいい機会だと考えて、大内兵衛の『マルクス、エンゲルス小伝』を事前に勉強しました。飛行機のなかで今村仁司さんの『マルクス入門』を一生懸命読んでいたら、シートの隙間に落っことしてしまいましたが、すごく面白いところだったんですよ。途中までなんですけれど、赤線を引きながら読んでいたら、ズボッと落っこちちゃって、とれなくなっちゃいました。アルチュセールの『マルクスのために』という、とっても分厚い本も持ってきておりまして、勉強しながらしゃべろうという、自転車操業を予定しております。

初めてのドイツ、初めてのイギリスなので、見るものすべてが新鮮ですから、多分マルクス固有の話だけではなくて、その都度、ヨーロッパの現実の風景を見ながら、それを手がかりにしていろんな話をしていくということになるのかなと思います。なのでわれわれの対談は、世間話が中心になって、ぜんぜんアカデミックな話にならないと思いますけれども。よろしくお願いします。

池田：わたしがなぜ押しかけてこのツアーに参加したかというのは明日、お話ししたいと思います。民俗学者の宮本常一さんは、新しい町に来たら一番高いところに行って眺めるということを鉄則にしていたそうです。このトリーアでもそういう行程が組まれていまして、すごくうれしく思っています。よろしくお願いします。

旅ガイド

（3月24日続）

「マルクスの旅」の開始地点は、当然、トリーアです。マルクスが生まれた街です。

◇◇◇◇◇◇◇◇◇◇◇◇◇◇◇

トリーアは、紀元前に建設され、ドイツで最も古い都市と言われています。ローマ帝国がヨーロッパ進出の拠点として建設したそうです。神聖ローマ帝国においても、中核的な都市でした。そういう経緯もあるので、街のあちこちに世界遺産をはじめ見所が転がっています。

しかし、これは「マルクスの旅」。ですから、まずは仕事です。

一八一八年に生まれたマルクス。ギムナジウム（大学進学前の中等教育機関で、日本の中学校、高校にほぼ対応している）を一七歳で卒業するまで、この街で育ちました。

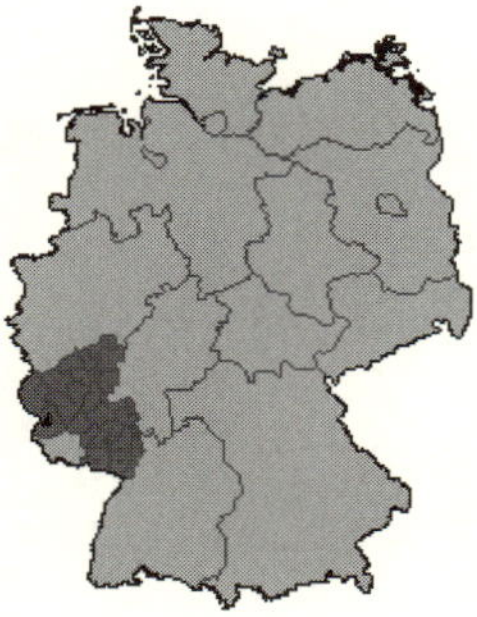

上のドイツ地図を見れば分かりますが、トリーアを含むラインラントという地方は、フランスと国境を接しています（地図の左側の少し濃くなっているのがトリーアのあるラインラント＝プファルツ州で、そのなかでも左の真ん中のいちばん濃い部

分がトリーアです）。ドーデの小説『最後の授業』に出てくるアルザス・ロレーヌを引くまでもなく、この辺りは、戦争の度にドイツになったりフランスになったりした地域が少なくありません。実際、トリーアも、マルクスが生まれる三年前まで、ナポレオンに征服されてフランス領だったのです。このことを知った内田さん、「マルクスの妻イェニーはマルクスより四歳年上だったから、生まれた時はフランス人だったんだ」とびっくりしておられました。

こういう事情があるので、ラインラントには、フランス革命をはじめフランスの思想的影響力が強く残ることになります。ドイツ（当時はプロイセン）に戻ってからも、しばらくはナポレオン法典が施行されていたそうです。マルクスへの影響も見逃せません。

◇◇◇◇◇◇◇◇◇◇◇◇

さて、旅の一行は、マルクスの生家、「カール・マルクスハウス」（写真）へ。いまでも残っているんですね。観光名所の中心は古代都市の遺跡なのですが、トリーア市にとっては現代にもつながるものとして、とっても重宝されているようです。生誕二〇〇年の二〇一八年には、一年を通じて何らかの行事も予定されていると聞きました。

マルクスの生家は二階建てで、マルクスが生まれて以降の歩みが、写真を中心に展示されています（写真左上）。もちろん、その「業績」が分かるようになっているわけですが、なかにはマルクスが女中に産ませた子どもの写真もあったりします。「マルクス直筆の〇〇」みたいなものを期待するところですが、そういうものはありませんでした。残念。

びっくりしたのは、マルクスが亡くなって以降の展示も、延々と続いていたことです。マルクスとつながりのあった人々だけでなく、レーニンやらスターリンやら、さらには第二次大戦後の社会主義をめぐるいろいろな事件まで。これらを一つのつながりで捉えるのが一般的な解釈なので、仕方がないでしょうね。

見学を終えて一階に戻ってくると、マルクス・グッズのお店（写真右上）。書籍もありますが、中心はマルクスのイラスト入りの帽子だとかTシャツだとか。なかにはワイン（赤）なんてのもありました。マルクスと一緒に写真を撮って自分のメールアドレスに送れるというサービスが無料で提供されてもいます（写真下）。これは面白い。

家の裏側には庭があります。マルクスの像の前で撮った写真は第一部の扉へ。

Karl-Marx-Haus
Brückenstraße 10
54290 Trier
www.fes.de/Karl-Marx-Haus

マルクスの生家の入り口で　左から石川さん、内田さん、右端は松竹編集長

なお、ここは本当に「生家」というだけで、生まれてすぐにマルクス一家は引っ越したそうです。引っ越し先の一つも残っています。そこを見学することはできませんでしたが、なんと一階は一〇〇円（一ユーロ）ショップになっていました（写真）。

この同じ通りの先に、マルクスと結婚したイェニーの実家がありました（次ページ写真。上はイェニーのプレート）。お散歩の最中にでも出会って、見初め合ったのでしょうかね。マルクスが通ったギムナジウムにも行くことができました（次の次ページ写真。上は入り口）。その後、市内の名所も観光。詳しく知りたい方は、観光案内をどうぞ。

JENNY VON WESTPHALEN
1814–1881
HEFRAU VON KARL MARX
ELTERNHAUS

TRIER

◇◇◇◇◇◇◇◇◇◇◇◇◇◇◇◇◇◇◇

普通の旅なら、これだけ回ればホテルに戻って休憩になるのですが、この旅は違います。一行は夕方、ホテルに戻ったら早速、会議室へ。ベルリンにあるブランデンブルク科学アカデミーのユルゲン・ヘレス博士のレクチャーをお聞きするのです（写真）。

ヘレスさんはトリーア生まれの歴史学者。現在、ドイツ、ロシア、日本などの研究者により新「マルクス・エンゲルス全集」（「新全集」あるいは「新メガ」）の編纂が進んでいますが、その中心にいるお一人です。これまでの「全集」と異なり、マルクスとエンゲルスが書いたものすべてを出版しようとする試みで、成果が期待されています。ヘレスさんのお話は三つの分野に及びました。

一つは、マルクスがドイツ人というより、フランスを含む西ヨーロッパ人であって、その影響がマルクスのテキストを読む上で手がかりになるということです。一八四八年の三月革命のなかで、マルクスが創設して編集長を務めた「新ライン新聞」は、副題が「民主主義の機関紙」でした。「共産主義の機関紙」ではなかったのです。実際、マルクスが

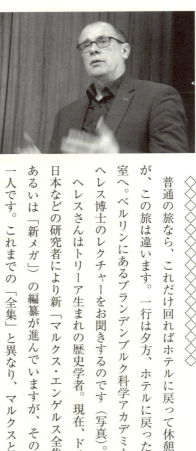

主張したのは、共和制の国家をつくること（君主制ではなく）、普通選挙を実現すること、すべての成人男子は武器を持つことなどでした。ただ、当時のドイツでは、国民多数は君主制の廃止までは望んでおらず、民主共和制さえユートピアで、ましてや共産主義は先の話だとマルクスは考えていました。

◇◇◇◇◇◇◇◇◇◇◇◇◇

二つ目は、二〇世紀になって解釈されたマルクスでなく、歴史的な（マルクスが生きていた一九世紀の）マルクスを捉えることの必要性です。過去の「全集」には、ソ連流のマルクス解釈に反しているとして削除されたものも少なからずあり、だから「新全集」を編纂しているわけです。一八六四年に創立された国際労働者協会（第一インターナショナル）についても、二〇世紀の解釈では共産主義思想で統一することをめざす戦術的な対応とみなされがちですが、マルクスは、各種の思想潮流が混在していた協会において議論すること自体を目的にしていました。また、それを通じて、イギリスの実践的労働組合の方法を大陸に持ち込み、大陸からはラジカルな思想をイギリスに伝えたいと思っていました。一九世紀は最初のグローバル化が始まった時期であり、マルクスはグローバル化と産業化の波のなかで労働者の統合を試みたと考えるほうが、二〇世紀流のマルクス解釈から見るより理解しやすいということです。

◇◇◇◇◇◇◇◇◇◇◇◇◇◇◇

三つ目。エンゲルスが編集した『資本論』の第二部と第三部の問題点です。エンゲルスがマルクスが残していたマニュスクリプト（手書きの草稿）を使って編集したわけですが、そのマニュスクリプトには、実際に出版されたものよりはるかに多くのことが書かれています。マニュスクリプトを見ると、マルクスが実際には何を書き、エンゲルスがどう編集したかが分かります。マルクスは生涯にわたり、自己完結した作品をほとんど書いておらず、議論の余地のあるものとして残っています。「利潤率の傾向的低下の法

則」と言われるものがありますが、マルクスは、低下することも上昇することもあると書いており、それをエンゲルスが解釈して、上昇する可能性もあるけれど、長い目で見ると低下するとしたのです。マニュスクリプトでは、葛藤中、思考中のマルクスが見えてきます。

この説明に内田さんがびっくりして質問。「エンゲルスがマルクスを取捨選択し、生成中のマルクスの思想を過剰に整理したということですか?」

ヘレスさんは、マルクスのマニュスクリプトは、まだ議論の余地のあるもので、出版できるような段階のものでなかったのに、エンゲルスが議論を整理するように出

写真奥左から３人目は旅行社たびせん・つなぐの大西健一社長

版したことの問題点を指摘しました。利潤率の問題以外でも、同様のことがあります。マルクスは、資本主義が危機に陥りやすいことは指摘していますが、資本主義の「崩壊」（Zusammenbruch）という言葉を使っておらず、似たような言葉を補助的に使用しているだけです。しかしエンゲルスは、資本主義が危機に陥りやすく、最終的には崩壊につながる可能性があると書いています。議論の余地のある問題が、抽出されて、理論化されてしまっているわけです。

◇◇◇◇◇◇◇◇◇◇◇◇◇◇

その後、ようやく夕食です。その会場でも、ヘレスさんとの議論が続きます（写真）。

内田さんは、マルクスがアメリカの新聞

（「ニューヨーク・デイリー・トリビューン」など）に寄稿していたけれども、それらがアメリカでどれだけ受容されていたかに関心があるとして質問しました。ヘレスさんは、「ニューヨーク・デイリー・トリビューン」へのマルクスの寄稿についていろいろと紹介するとともに、内田さんが知りたい問題を扱った書籍は出版されているので、あとでメールでお知らせするということでした。

石川さんは、二〇世紀に解釈されたマルクスではなく、歴史のなかでマルクスを読むというヘレスさんの言明の重要性を指摘。日本でも、レーニンや毛沢東の影響で、二〇世紀型のマルクス解釈が残っており、それを払拭することが課題であると強調しました。それを受けてヘレスさんは、資本主義が戦争を必然的に生み出すというのも、二〇世紀のマルクス解釈に過ぎないと述べました。また、旧「全集」では、ツアー時代のロシアへの批判まで削除されたとして、ソ連は帝国主義的共産主義だったという見解を表明しました。

旅
ガイド
（3月25日）

昨夜は遅くまで話が弾みまして、みなさん疲れてぐっすりとおやすみになったことでしょう。さて、これからトリーアを出発し、ドイツ最後の目的地であるフランクフルトに向かうのですが、これまでの感想はいかがでしょうか。

●マルクスの商業化をまず体験

内田：ようやく旅行が始まった感じがありますね。

昨日はカール・マルクスのおうちに行った時、大量のマルクス・グッズを（笑）買いました。マルクス帽子、マルクスTシャツ、エコバッグ、それからえっとマグカップ、バッジ、マグネットとですね、大量購入いたしました。昨夜、ヘレス先生のお話を伺ったあと、食事もごいっしょしたんです。その際、「マルクス・ハウスはどうだった」と聞かれたので、「ちょっと商業主義的でしたね」とお答えしたら、すごく苦い顔をして「まったくけしからん限りだ」と言われて、「ああいうところに行って、グッズを買ったりするやつがいたりするからね」（笑）と、カール・マルクスの商業化を憤っておられました。ぼくも思ったんですがね、現物が何も置いてなくて、ただ写真が展示してあるだけなのは、ちょっと問題ありですよね。先生も「これだったらネットで見ても同じじゃないか！」と文句タラタラでした。

実は昨日、ヘレス先生ってどんな方なのか、何のお話をするのかも知らずに聞きはじめたんです。それにぼく、風邪気味だったもので、お話の始まる前の一時間ほどは休んでいまして、寝起きで聞きにいったので、完全に寝る体制だったんです。パワーポイントも故障していましたし、いやあもうダメかなと思って寝かけちゃったんですけれども、お話が大変面白くて、最後まで一生懸命聞いていました。

始まってすぐに先生が「質問は?」と聞かれたでしょ。先生の話を何も聞いていないのに質問はと聞かれてもねと、みなさん感じたと思います。あれはですね、実は英語版レジュメをおつくりになっていてですね、事前にちゃんと配布するはずだったらしいんです。ですから先生は、てっきりみんなが事前に読んでいると思っていて、それなのにみんながきょとんとしているので、あっけにとられていたそうです。ご飯を食べていて、ずいぶんたってから「え、ぼくの書いたレジュメが配られていないの?」という話になり、「そもそも届いていません」と言ったらですね、先生も得心されていました。それまでは、なんという態度の悪いオーディエンスだろうと思われていたんでしょうね（笑）。

●中国人のマルクス書簡爆買い、さらに…

ヘレス先生、食事してお酒飲んだら陽気な方になっちゃって、『マルクス・エンゲルス全集』の編集秘話とか、いろんなお話を伺いました。大変面白かったです。『マルクス・エンゲルス全集』というのは、一九三〇年代からの長い事業ですので、途中でスターリンの介入があったり、いろいろなことがあったらしいです。七〇年代になり、国際チームができてから、わりとしっかりしたものがつくられているということです。

面白かったのはですね、マルクスの書簡というのは、いまでも発見されては古書市場に出るらしいんですが、中国人が爆買いしているんですって。その結果、古書市場におけるマルクス書簡の価格が暴騰していて、歴史研究者としては非常に困るというお話でした。こんなところで中国人の爆買いの話が出るとは思いもしませんでした。

中国人はなぜマルクスの書簡なんか買うんだろうと、ヘレス先生、不思議な顔をされていましたが、中国の話はそれにとどまりません。フリードリッヒ・エンゲルスはブッパタールという街の生まれで、フリードリッヒ・エンゲルス・ハウスがそこにあるそうですが、その街に中国政府が等身大のエンゲルスの像を建てたということです。再来年のマルクス生誕二〇〇年の年には、今度はトリーアにカール・マルクスの像を建てるという計画があるらしいということで、なんで中国人は今頃になってマルクスを持ち上げているんだろう、中国のことはよく分からないという話などをいたしました。

そういうお話をしながら、マルクス・ツアーに来たなと実感しました。前半はマルクスの帽子を買ったりして盛り上げて、後半はアカデミックな話をして新たな発見もあって面白かったです。

●アメリカでマルクス主義が根付かなかったのは

ぼくの場合は個人的に、アメリカにおけるマルクス主義の歴史といいますか、アメリカではなぜマルクス主義が根付かなかったのかということに非常に興味があります。それに関してちゃんとした文献をあまり見たことがないんですと質問したら、マルクスとリンカーンの関係について書かれた本が最近出てるよと言われて、詳しくはメールでやりとりしようということになったんです。そのことを昨夜、ツイッターに書いたら、すぐに日本のフォロワーから「先生が読みたがっているのはこれではありませんか」と書き込みがありました。『An Unfinished Revolution: Karl Marx and Abraham Lincoln』という本で、アマゾンで検索したらキンドル版があったので、早速ダウンロードして、今朝方から読み始めているんです。まったくテクノロジーの進化というのはすごいなあと思っております。

アメリカではなぜマルクス主義が根付かなかったのかということに関して、ぼくなりにちょっと、仮説を立てております。旅の間にこの本をある程度読み込んで、それがどれくらい証明できるのか、旅の間の自転車操業宿題としておりますので、途中ご報告ができるかもしれないと思っています。というわけで、昨日はなかなか充実した一日でした。今日もどうぞよろしくお願いします。

●のちにつくられた「マルクス像」ではなく

石川：おはようございます。昨日の夜、ヘレスさんのお話をうかがい、その後も、いっしょに食事をさせていただきました。食事の際にヘレスさんにもお話ししたんですが、ぼくなりに関心を持ったのは次の三点です。

一つは、ヘレスさんが「一九世紀のマルクス」と「二〇世紀のマルクス」という言葉で述べられていた問題です。マルクスは一八八三年に亡くなっていますから、もちろん二〇世紀まで生きてはおりません。「二〇世紀のマルクス」というのは、のちの人々によってつくられた「マルクス像」ということです。ヘレスさんは、そうしてゆがめられたマルクスではなく、本当のマルクスはどうだったかを明らかにし、それを現代に活かせる形にしたいと言われていました。とても大事なことだと思います。日本でもマルクスの理解といえば、レーニンによる理解を入口にするという傾向が長くありました。また、スターリンの文献やスターリンの影響の強い文献が、テキストとして活用され、それを通じてマルクスを理解するという読み方もかなりあったようです。哲学の分野では、毛沢東の『実践論・矛盾論』などが、マルクスやエンゲルスを理解するある種の色眼鏡になっているという指摘もあります。それらをぬぐい去って、その上で本当のマルクスを議論しようという姿勢は、とても共感できるところでした。それは日本でも大事な課題になっていると思います。

●エンゲルスの役割について共通の問題意識

二つ目は、マルクスが書き残した草稿に対するエンゲルスの独特な解釈という問題です。それが『資本論』の内容にも影響を及ぼしているというお話でした。夕べは、通訳の方も「利潤率の傾向的低下」という用語の翻訳に苦労されていましたけれども、その問題で、マルクスは明快な答えを出していないのに、エンゲルスが「低下」という答えを出してしまった、というのがヘレスさんの示した一例でした。現在、刊行されている「新メガ（『マルクス・エンゲルス全集』）」のうち、第二部の『資本論』関係の部分は完結していると言われてましたが、マルクスが残した『資本論』の草稿については、すべてが翻訳され、大月書店から出版されています。ですから、たくさんの人が研究に携わり、利潤率の傾向的低下の法則の捉え方以外でも、多くの議論がされています。そんなことも紹介させてもらいましたが、現行『資本論』にマルクスが書き残したものにくわえて、エンゲルスの「解釈」が加わっているというのは、日本の研究者たちと共通する問題意識です。

●マルクスが女中に子どもを産ませたことをめぐって

三つ目は、マルクスのどこに関心を抱くかという問題です。マルクスは、家政婦のヘレーネ・デームートとの間に子どもをつくったと言われています。トリーアで見学した「マルクス・ハウス」にもその息子の写真——晩年の写真でしたから、もうおじいさんでしたけれど——がありました。日本でそれが広く紹介されたのは、ピエール・デュランという人の『人間マルクス』（岩波新書、一九七一年）によってでした。当時のいわゆるマルキストの代表的な反応は、それなりに根拠をあげて「マルクスがそんなことをするわけがない」としたものでしたが、いまから考えると、マルクスの「神格化」による影響もあったかもしれません。しかし、その後、新しく発見された手紙もあって、事実の認定については決着がついたといってよいようです。それらの手紙を紹介し、ていねいに考証した『わが父カール・マルクス』という本も二〇一一年には出されています。形の上での父親にはエンゲルスがなり、子どもはヘンリー・フレデリック・デームートと名付けられました。

この件については、ヘレスさんの反応がなかなか愉快でした。「そんなことを研究して何になるんだ」と言うのです。身辺事情を探るのが好きな人もいるかもしれないけれど、肝心なことは彼の学問だろうということです。ぼくも以前からこの件について意見を求められた時には、細部は分からないところもあるけれど、仮に「隠し子」があっても、マルクス主義・科学的社会主義はマルクスのすべてを無条件に正しいとする「マルクス原理主義ではない」と答えてきましたので、とても気の合う思いがしたのでした。

〔補足――フレディの件はエンゲルスから聞いた（ルイーゼ・カウツキー）〕

以下、この本には、お話の内容にかかわる補足を、少しだけはさみこむことにします。

「フレディ・デームート〔ヘンリー・フレデリック・デームート〕がマルクスの息子

であることを、私は将軍〔エンゲルス〕その人から聞いたのです。トゥッシー〔エリノア・マルクス、マルクスの四女〕がどうしてもと言うので、私が直接老人に尋ねることになったのでした。将軍は、トゥッシーがそんなにも強情に自分の思い込みにこだわるのをとても驚いていました。そしてその時すでに、エンゲルスは自分の息子をないがしろにしているのだという陰口がうるさい時には、やむをえなければこの事実によって反論してもよいと、私に言ってくれたのです。……フレデリック・デームートがカール・マルクスとヘレーネ・デームートの息子であることを、将軍はさらに死の数日前にもムーアさんにはっきりといいました。それを聞くとムーアさんはオーピングトンのトゥッシーのところへ行き、彼女にそのことを伝えました。……ムーアはオーピングトンから戻ってきて、もう一度将軍に念を押して尋ねました。しかし老人は、フレディがマルクスの息子だという主張をひるがえすことなく、『トゥッシーは自分の父親を偶像にまつりあげようとしているのだよ』、とムーアに言いました。……日曜日に、つまり死の前日ですが、将軍はトゥッシーのためにそのことを自分で石盤に書いてやりました。トゥッシーは非常に動揺して外に出てくると、私への憎しみもすっかり忘れたように、私の首にかじりついてさめざめと泣きました」(ルイーゼ・カウツキー＝フライベルガーからアウグスト・

ベーベルへの手紙、一八九八年九月二／四日、大村泉他『わが父カール・マルクス――マルクス伝の歴史を変えたフレディ書簡』極東書店、二〇一一年、一一一～一一二ページ）。

旅
ガイド

（3月25日続）

せっかく海外に来ているのですから、フランクフルト直行はもったいないということで、一行を乗せたバスは、途中、ラインラントの中世から栄えた街に立ち寄ります。まずはベルンカステル・クース。モーゼルワインの醸造地としても有名だそうです。さらにはアスマンハウゼンに向かい、ここで昼食です。

あとは、ライン川（写真）をフェリーで渡って、一路フランクフルトへ（地図の黒い小さな丸印）。

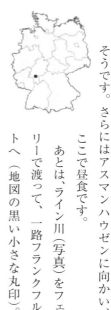

ここから池田香代子さんのお話が始まるのですが、それは第二部にまわして、「マルクスの旅」のハイライトでもある内田さん、石川さんの一回目の対談に移ることにしましょう。なんと、このツアーのことをネットで知ったオランダ在住の日本人女性が、この対談を聞くために会場までやってきたんですよ。

対談をちゃんとやろうと思ったら、普通なら事前の打ち合わせは不可欠です。だけど、今回の対談は、旅のなかでマルクスのいろいろなものに触れ、感じ、考えたことをオモテに出し、議論するわけです。何を感じるか、その場にならないと分からないし、感じるのは本人だけなので、打ち合わせのないぶっつけ本番です。では、どうぞ。

対談 I

石川康宏×内田樹

松竹：よろしくお願いいたします。

じゃあ、まず、そちらから。内田先生から。

内田：こんばんは。どうも、お疲れさまでした。

このツアーには、ずいぶん遠いところからいらしてくださった方もおられるそうで。前に（二〇〇六年七月三日）京都で、冬のソナタだけを集中的に研究する日本ヨンヨン学会っていうのがあって、そこで呼ばれてゲストスピーカーをやったんです。その時に、いちばん遠くからやってきた人が「ヨンヨン巡礼者」の称号を与えられ、参加最年長者には「本日の最高尚宮（チェゴサングン）さま」の称号が授与されるというのを体験しました。みんなから拍手を貰っておりましたけれども。

今回のツアーで、いちばん遠くから参加したのは、北海道？

会場：オランダ。

内田：どっちなんですかね（笑）。

石川：基準が難しい（笑）。

内田：ははは。何はともあれ、遠いところありがとうございました。

まあ、最終的に本になるわけでございまして、わたくしはこういうところでしゃべったこととか対談とかっていうのは、ゲラの段階で原形を止めぬほどに加筆してしまいますので、最後はちゃんとした本ができると思うんですけれども、この場でのクオリティに関しては全然保証できませんのでご容赦ください。

一時間ぐらい話すということですね。ぼくが二〇分しゃべって、石川くんが二〇分しゃべって、それからフロアから質問があれば少しおしゃべりをしようというふうに考えております。もうすでに一〇分たっておりますので、ぼくの――。

松竹：これから一時間です。

内田：あ、そうなんですか。ぼくの持ち時間は一〇分じゃないんですか（笑）。

石川：ははは。それは、ないでしょう。

【最初の発言・内田――マルクスとアメリカとの関係について】

●アメリカにおけるマルクス主義の歴史が等閑視されている

内田：朝、バスのなかでも申し上げましたけれども、いま、アメリカにおけるマルクスの受容というのが、わたくしの非常に個人的な関心事であります。

直接のきっかけは、もちろん、バーニー・サンダースの登場なんです。バーニー・サンダースがアメリカで、いま、民主党の大統領候補としてかなりヒラリー・クリントンを急追しています。社会主義者を名乗っている人物が、こうやって、アメリカにおいてこれほど広範な、若年層からの支持を獲得しているということで、いろんなところから取材があったりするわけです。そうしたときに、「どうしてこんなに、バーニー・サンダースが支持されるんでしょうね」って、当たり障りのないことを言って、「東西冷戦が終わって二五年たっているので、二五歳以下の人たちの社会主義に対するアレルギーってもうなくなっているんだ」という、誰でも思いつきそうな、その程度の説明をしていたんです。

けれどももうひとつ、やっぱり、アメリカにおける社会主義、共産主義、マルクス主義の歴史というのがあまりに等閑視されているんじゃないかという思いがぬぐいきれない。実際にはぼくらが知らないだけであって、そういうものを受け入れるマインドっていうのは、じつは、アメリカ文化のなかに一九世紀からずっとあるんじゃないかしらっていうことを、ふっと考えることがあるんです。構造的に、そこからわれわれが目を逸らされているんじゃないかという気がいたしました。

●米ソともアメリカにおけるマルクスの影響を抹殺したかった

内田：昨日、ヘレス先生からもお話があったんですけれども、スターリン時代にソ連政府がマルクスのアーカイブ、マニュスクリプト（手稿）のなかから、自分たちにとって都合の悪いものをかなり除去してきたっていうことがあるわけです。昨日、話題に出ていたのは、帝政ロシアが行ったさまざまな悪政に関してマルクスが批判しているものについても、かなり削除、隠ぺいしていたということでした。べつに帝政ロシアの悪事なんて、自分たちで革命を起こして倒した相手がやったことなんだから、ソ連政府としては、「こんな悪いことやっていました」と言ったっていいと思うんです。だけれども、それはやっぱりつながりがあるらしくて、一国社会主義としては、ナショナリズム的な社会主義なので、旧ロシア帝国が行ったことに関するマルクスの批判も、「これは『マルクス・エンゲルス全集』に載せない」といったことがあったと聞いています。

同じように、マルクスのアメリカにおける労働運動、社会主義運動に対するエールに関するものも、おそらく、かなり意図的に抑圧されていたんじゃないかと思います。マルクスは、アメリカのそういう運動に対して、支援したり、理解したり、あるいは評価したりしましたし、あるいはリンカーンの奴隷解放の闘争にマルクスが理解を示したということは文献的にも明らかなわけです。そういうものも削られたのではないか。

というのは、一九四五年からあと、九〇年まで、四五年間にわたって東西冷戦があったわけです。その過程のなかでは、マルクスがアメリカの社会運動に関してなんらかの行為とか関心を持っていたというのは、冷戦の構造上、まったく都合の悪いことになります。ですから、当然のことながら、マルクス主義の陣営においては一切そういうことは話題にならなかった。

同じように、アメリカサイドからしてみても、「自国の社会運動がじつはマルクス主義の形成とつながっている」ということは、隠ぺいしておきたい歴史的事実なわけです。とくに東西冷戦期においては。もっとその前からカウントしてもいいんですけれども。

アメリカもソ連も、「マルクスがアメリカの社会運動に関心を持っていた、あるいは一定の影響を与えた」ということは歴史的な事実として抹殺したかった。東西両国がこの点に関して暗黙の合意形成をしてしまった以上、そういう資料が出てくるはずもないし、それについて主体的な研究が行われるということも、たぶん、なかったんじゃないかと思います。

●使いまわされたマルクスのアメリカ紙への寄稿

内田：ぼくが知るかぎり、少なくとも日本ではそういう研究をほとんど見たことがない。朝もお話ししたように、その話をツイッターで書いたら、「『未完の革命――カール・マルクスとアブラハム・リンカーン』という本があるよ」ということを教えていただいて。先ほどバスのなかで読もうと思ったのですけれども、風邪が悪化して調子が悪く、ほとんど読めずに、空いている時間は全部寝てしまいまして（笑）。

会場：（笑）

内田：先へ進まないんですけれども、旅の終わりまでには、あと五〇ページくらいまではなんとか読んでご報告したいと思っています。

でも、読んだ範囲でもけっこう面白いところ、いっぱいありました。

一八五一年から約一〇年間、ロンドンにいたマルクスは、本当に赤貧洗うがごとき生活をしていたわけです。けれども、そのマルクスを、アメリカの「ニューヨーク・デイリー・トリビューン」という新聞社の編集長が訪ねてきて、マルクスを見込んで、「ぜひ、ヨーロッパのさまざまな問題に関して定期的に記事を送ってください」とお願いしたのです。それで、マルクスは「ニューヨーク・デイリー・トリビューン」の寄稿者、ロンドンにおけるコレスポンダント（特派員）になって、定期的にずっと原稿を送ることになった。全部で八〇〇本の原稿を書いたということです。これはヘレスさんから伺ったことですが、その多くは匿名というか、「バイ・カール・マルクス」じゃなくて、その「トリビューン」の社説として掲げられた。ロシアの問題、イギリスの問題、インドの問題、中国の問題、あるいはアフリカの問題、もちろんフランスの問題、そういった、当時の全世界のさまざまな問題に関して、マルクスがジャーナリストとして健筆をふるっていって、それが「トリビューン」に定期的に掲載され、同じ原稿が多いときは週に三回掲載されたということです。つまり、まず社説として掲載され、それが週刊誌のようなものにも使いまわしをされ、隔週刊でもまた使いまわしをされるというようなものだったということです。何度も使いまわしできるくらいに高いクオリティの原稿だったということです。

●マルクスの分析の冴えをアメリカの読者も愛したから

内田：かつ、これも昨日聞いたんですけれども、この「ニューヨーク・デイリー・トリビューン」というのは、当時、発行部数が世界一だったたっていうんですよ。驚きですよね。たぶん、そうはいっても数万部とかいうオーダーだったたと思うんですけれど、それでも当時、米国内で読まれていた英語紙としては最大の部数を持っていたということです。そこにマルクスが一〇年にわたって毎週毎週、山のように世界の現状分析についての記事を書いていたわけです。それが、単なる少人数のサークルで回し読みされるものではなくて、日刊の新聞に社説として掲載されていた。これが、アメリカの国内における国内世論の形成に無関係だったはずがないわけです。

マルクスが書いたのは、「これこれこういうようなかたちで社会活動を行うべきである」といった綱領的な課題ではなくて、いま目の前にある社会問題に関する分析です。いま目の前に起きている社会問題の分析に関するマルクスの才能というのは、天才的なものであります。前に『若者よ、マルクスを読もうⅡ』で書きました通り、たとえば、『ルイ・ボナパルトのブリュメール十八日』なんてのは、一五〇年前の非常に短期間にわたるフランスの宮廷クーデターをめぐる分析なわけです。一五〇年も前ですから、そこに出てくる登場人物たちがいったい何者であったかなんてことはまったく分からない、まったくリアリティがないんですけれども、それにもかかわらず、読みだしたら止まらないんです。もう、ドキドキして読みだしたらやめられない。それはものすごく分析が冴えているわけですよね。

この分析の冴えっていうのを、おそらく、多くのアメリカ人読者も愛していたはずだし、一〇年間定期的に読みつづけていたら、影響を受けなかったはずがないと思うんですよ。その影響というのが、さまざまな歴史的理由によって主題的には論じられてこなかった。もちろん、隠ぺいされたというのもあるんでしょうけれども。

●テキサスに移住しようとしたマルクス

内田：あと、マルクスは、アメリカに移住しようと思っていたんですよね。わたし、今日仕込んだ新ネタなんですけれどね。

会場：（笑）

内田：さっき読んだばっかりで「おお！」と思ったんですけれども、マルクスは「ライン新聞」が潰れたあたりで（一八四二年）、もうアメリカ移住を考えていて——、当時はどこにいたんでしょう。トリーアにいたのかな。

松竹：「ライン新聞」の時はケルンです。

内田：ケルンですか。

マルクスは移住のための必要書類を申請しているんですよね、アメリカに行きたくて。テキサスに行こうとしていたと書いてありました。二〇歳代からすでに、国内における言論弾圧に対してうんざりして新天地を求めていって、結果的に少しでも言論弾圧の緩いところに移っていって、パリに移って、ブリュッセルに移って、ロンドンに移って、そうやって圧力から逃れているわけです。ですから、もう、思いっきり弁舌をふるいたいというんだったら、実際にアメリカまで行ったっていいわけです。

一九世紀の終わりごろのヨーロッパっていうのは、かなりグローバルだったわけですよね。非常に自由に人々が出入りしていた。ぼくらの現在のパスポート・コントロールの感覚で考えちゃいけないんじゃないかという気がするんですね。だって、マルクスって国籍がなかったわけですから。無国籍者だった。にもかかわらず、平気でパリに行ったり、ブリュッセルに行ったり、ロンドンに行ったりしている。ロンドンの大英博物館にだって無国籍で行っているわけですよね。もし当時、玄関のところで「ＩＤを出しなさい、パスポートはありますか」と聞かれて、「ないです」ということになると、「じゃあダメ」というようなことになってしまって、『資本論』は書かれていないわけですから。

●一九世紀中頃の亡命者がアメリカの社会運動の起源となる

内田：それを考えると、当時の人々の移動というのは、かなり自由だったんだと思います。いまと比べると国民国家も形成過程で、国民国家のあいだの国境ラインというのはかなり緩いものであって、そのなかをかなり自由に、ちょうど浸透圧が変化するとこっちからこっちへ半透膜を通じて人々が移るような感じで、ある地域で政治情勢が変わると、そこからズルズルズルっと抜けていって、どっかで変わるとまた違うところに行ってということを、おそらく何千人、何万人という規模のアクティビスト、活動家たちが非常に自由に行っていたんじゃないでしょうか。

そういう流れのなかにマルクスもいて、二〇歳代のマルクスの選択肢のなかに「アメリカに行く」というのもあったというわけです。ぼくたちはいまのヨーロッパとアメリカを見比べて、「全然文化が違う」「そういうところに大西洋の距離を越えてマルクスが行くはずがない」となんとなく思いがちです。けれども、それはいまのぼくたちが、現在の視点で過去を見ているから、二一世紀の視点から一九世紀を見ているから言えることであって、リアルタイムの一九世紀というのは、もっとずっと自由だったっていう気がするんですね。

その時、実際のところ、マルクスはロンドンに留まるわけですけれども、ヨーロッパの各地の社会主義者たち、革命家たちというのは弾圧に追われて大量にアメリカに行くのです。そうして、この人たちが社会運動や労働組合を組織していって、二〇世紀の初頭にはアメリカ共産党をつくることになります。ロシア革命の三年後の一九二〇年ですが、中国共産党とかインドネシア共産党、日本共産党とほぼ同時期に党形成を果たしているわけです。その中心になったのはヨーロッパの移民たちであるということが、アメリカ共産党の歴史にちゃんと書いてありますけども、共産党が結成されるそのもっと以前の段階、一九世紀の中頃から、政治亡命をしてヨーロッパから逃れてきた人たちがアメリカ各地に社会活動、組合活動の拠点をつくり、これがアメリカにおける社会運動の起源になっていった。これはやっぱり、とても重要な問題だと思います。

●アメリカでも社会主義運動が広がった時期があった

内田：こうして、アメリカ共産党も各国の共産党と同じように一九二〇年代に生成して、それなりに活発な活動を行っていたわけです。「J・エドガー」という映画をご覧になった方は、若きディカプリオくん扮するJ・エドガー・フーヴァーが、FBIに入る時の事情が描かれているのをご存じでしょう。当時、爆弾闘争に対する社会的警戒が高まっていた。国内におけるアナキストのストライキとかテロが頻発して、それに対抗してFBIが組織されていくという、一九二〇年代の事情が描かれていますけれども、そういう時代だったわけです。ヨーロッパと同じように、アメリカでも社会主義の運動、組合の運動、あるいはマルクス主義の運動が誕生し、それからあとも普通に広がっていく。ですから、アメリカにおいても、イギリス、フランス、あるいはドイツのように、マルクス主義の運動と同じようなかたちで運動が発展していったかもしれない、起きたかもしれない。ところが実際には起きなかった。起きたかもしれないことがなぜ起きなかったのか。「ほかの国では全部起きたことが、なぜアメリカでは起きなかったか」ということに、ぼくは非常に興味があるわけでありまして。

ぼくはここには、わりと、これは、いろいろな歴史的な要件もあるんでしょうけれども、アメリカにおける歴史的な必然というものではないような気がします。けっこう、俗人的な影響も大きいんじゃないかと思うのです。で、二人の人物が思い浮かぶ。

●二人の人物がマルクス主義の正常な発達を阻害した

内田：一人はいま言った、J・エドガー・フーヴァーです。四八年間にわたってFBI長官を務めて、その前からいくと五〇年以上、六〇年くらいにわたってFBIのメンバーでした。このJ・エドガー・フーヴァーは八代の大統領に仕えていて、隠然たる権力をふるった、近現代アメリカにおける、フィクサーのような人物です。彼は病的な反共の人物でしたね。リベラルも含めて、とにかく徹底的に弾圧していく。この人が、大戦間期から一九七〇年代までアメリカの政治を裏で支配していたということが、非常に大きかったんじゃないかと思います。かなりファナティックな人なんですけどね。

もう一人は、ジョセフ・マッカーシーですね。フーヴァーとマッカーシーというのは、とくにフーヴァーのほうが遥かに老獪な狸なわけですけれども、マッカーシーが登場してきた時に、フーヴァーが徹底的にマッカーシーを利用するわけです。これによってアメリカにおける共産主義を根絶しようとする。

この二人の人物の登場によって、アメリカにおけるマルクス主義の正常な発達というものが、非常に阻害されて、強い干渉を受けたんじゃないかというのが、ぼくの仮説であります。ただの思い付き仮説なんですけれども。

ぼくは、さっきも言いましたが、どっちかというと、起きてもいいはずのことが起きなかったことに非常に興味があるんです。通常の歴史記述は、「これこれこういうことが起きた」、「なんで起きたのかというと、これこれこういうゆえんがあるからだ」というものです。だけれども、ぼくの場合、どっちかというと、「起きてもよかったんじゃないのかなあ」、「なんで起きなかったんだろう」って思ってしまうんです。何かが生成し、発展するのを阻害したファクターというのは歴史学の主題にならないんですよ、絶対に。歴史っていうのは起きたことしか扱いませんからね。フーコーが「なぜ、ある出来事が起きて、それとは違う出来事は起きなかったのかを考えるのは、これは歴史学ではなく系譜学である」ということを言っています。ぼくはどっちかというと文学者で、系譜学的思考をする人間なんで、そこに非常に興味を感じてしまう。

●いまのアメリカを理解する上でこれが問題になる

内田：なぜぼくがアメリカにおけるマルクスなんかに興味があるのかといえば、理由は簡単で、それは日本がアメリカの属国だからです。日本はアメリカの属国であって、日本の基本的な国家戦略というのは、すべてアメリカの許諾を得ないと行えない。安全保障であってもエネルギーであっても食料であっても、すべての外交戦略、すべての政策というのは全部アメリカがOKしないかぎりは実行できないのが日本の状態であって、これはもう世界中の人が知っていることです。「日本はアメリカの衛星国であって、属国である」と。ソ連の衛星国がなくなったいま、世界で衛星国と言われているのは日本だけしか残っていないんじゃないかというぐらいに衛星国なわけです。そして、衛星国である以上、ぼくはなんとか国家主権を回復したいと思っているんですけれども、その前段として、いったいアメリカという国は何を考えているのか、アメリカのコスモロジー（宇宙論）は何かということです。アメリカの権力者の目から見て、世界はどんなふうに見えているのか。それはぼくにとって、非常に、緊急に研究する必要があることなんです。

「取りつく島」ってありますよね。そういうアメリカを研究する時に、アメリカに取りつく島、それはやっぱり、マルクス主義、左翼の伝統ではないかと思うのです。マルクス主義というのは、ヨーロッパはもちろん、あるいは中国においても、ロシアにおいても、あるいはアジア諸国においても共有している経験なわけです。われわれが共有した経験というものがあって、そこから幾ばくかの知見をくみ出してきて、いまの国をつくっている。マルクス主義とどうかかわったかということによって、それぞれの国のかたちが決まってきたと言っても過言じゃないと思うんですよね。マルクス主義というのは、すべての国にとって必ず通過した、一つの大きな、劇的な、歴史的な転換点なわけであって、そこをさまざまなかたちで、固有のかたちで通過していって、固有のかたちでソリューションを発見したということによって、それぞれの国のいまのかたちがあるというふうに考えられる。そうすると、アメリカがどんなふうにマルクス主義を通過したのかということを知るのは、いまのアメリカの成り立ち、彼らの政治的なコスモロジーっていうものを理解する上で欠かすことができない情報じゃないかなって気がしているんです。その上で、バーニー・サンダースの登場にぼくは非常に注目しております。

●「左翼のバックラッシュ」の意味を考える

内田：いま、ぼくは勝手に「アングロサクソン圏における左翼のバックラッシュ」と呼んでいるんですけれども、ヨーロッパの各地で、左翼の、レフトのバックラッシュというのが始まっている。イギリスでは、ジェレミー・コービンという、はっきりと社会民主主義者を名乗る人物が社民的な政策を掲げて労働党の党首になった。選挙の結果によっては、英国の首相になる可能性がある。カナダでもジャスティン・トルドーという非常にリベラルな感じの人が登場してきている。で、アメリカでもバーニー・サンダースが登場してきたし、その前はスペインで極左っていうんですかね、そういう運動が始まってきています。

これはやっぱり、いろんなかたちで抑圧されて、地下水的な扱いになっていたマルキシズムの伝統というか、マルクスを含めたさまざまな伝統ですが、古くは一八世紀から発祥している社会運動の歴史の、ある種のエートスみたいなものがずっと死なずに生き残ってきて、歴史的な環境が変わったことによって、いま水面下から地表に出てきたんじゃないかと思えます。そういうふうに考えると、いま起きている世界史的な出来事が少し理解しやすくなる。理解しやすくなるだろうし、日本におけるぼくたちのポジション、どういうような政策的な選択をすべきかということについての見通しも、こういう補助線を引くことによって多少良くなるんじゃないかなっていうふうに考えております。

いまの安倍内閣にとって、トランプが大統領というのも悪夢ですけれども、バーニー・サンダースが大統領になるというのも、これは悪夢中の悪夢で、これはまったく理解できないわけですよね。彼らからすると、理解できないようなタイプの政治家が登場してきて、理解できない政策を展開していくことになるわけですから。

われわれのような人間というのは、どちらかというとそういうことを考えるんですね。「トランプになったらどうしよう」、「トランプはいったい日本に何を要求するんだろう」、「それを支えるロジックは何なんだろう」、「どういうセンチメントを支えているんだろうか」。あるいは、ヒラリーが勝った場合でも、あれだけバーニー・サンダースに支持があったということは、ある程度はその支持層を取り込まなきゃいけないわけですから、政策的にもサンダースに近いかたちの政策をヒラリーが展開してくる可能性もあるわけであって、「それはどんな政策になるんだろう」とか、「それはいったいほかの政策とどうやって整合させるんだろうか」と考える。そういった、いろいろな、次なる政治的な問いがどんどんと前景化してくるんじゃないかと思っています。

●時計の針を一五〇年前に戻して

内田：こんなことを考えていくっていうのは、ぼくにとってはわくわくするような知的な刺激なわけであって、それを知るためには、いまぼくたちがやっているような、実際に、トリーアから始まってマルクスの足跡をたどってみたいなことも意味がある。とくに、昨日、ヘレス先生がおっしゃっていて、今朝、石川さんも言っていましたけれども、「一九世紀のリアルタイムのマルクスの目からは世界はどんなふうに見えていたのか」、「彼はさまざまな生成過程による世界のいろいろな運動に対してどういうようなメッセージを送ろうとしていたのか」、「どういうような未来像を望見していたのか」――そういうようなことを、時計の針を一五〇年ぐらい前に戻して、その場所に行って、それからあとの出来事、自分が知っている出来事を一回、どこかに止まって、「まだ未来が茫漠たる闇のなかにある状態の時に、マルクスは何を考えていたのかな」ということを考えないと、なかなかいま起きていることは分からないんじゃないかなという気がしております。

漠然とした話ではありますけれども、そんなことを考えておりまして、いずれ、この話はもう少しまとまった話にしたいと思います。続きはまた、本でよろしくお願いします。

会場：（拍手）

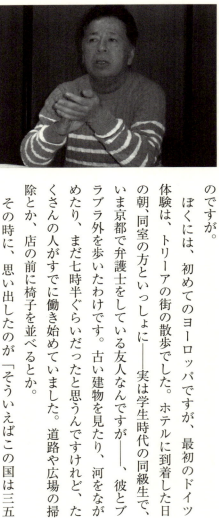

【最初の発言・石川――一九世紀のマルクス、二〇世紀のマルクス】

●飛行機で一二時間飛ぶとまるで違う社会になる

石川：関空を出る時に、対談の打ち合わせが「出たとこ勝負」の確認で終わったことを、今朝紹介しましたが、状況はいまも変わっていません。うまく対談になってくれるといいのですが。

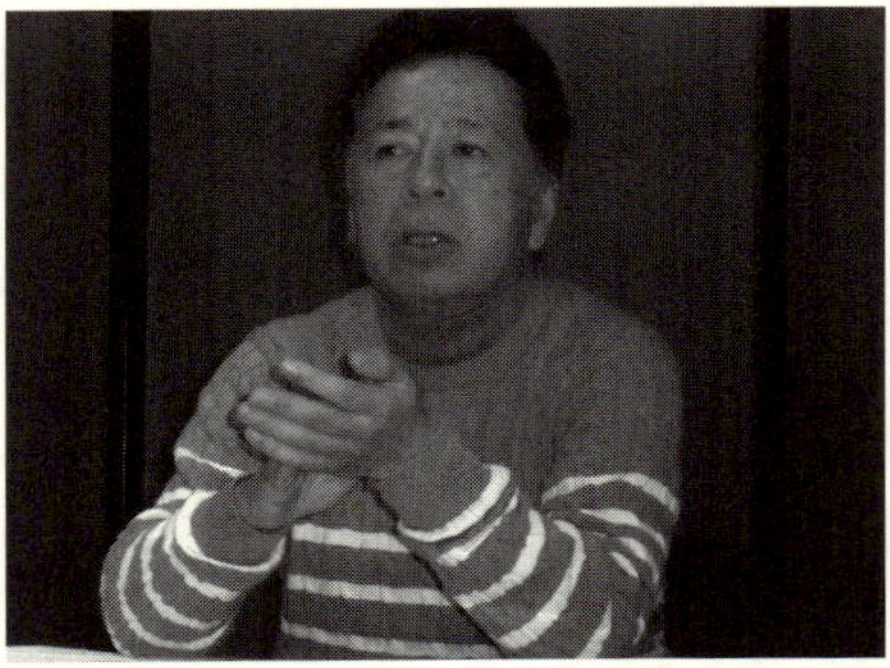

ぼくには、初めてのヨーロッパですが、最初のドイツ体験は、トリーアの街の散歩でした。ホテルに到着した日の朝、同室の方といっしょに――実は学生時代の同級生で、いま京都で弁護士をしている友人なんですが――、彼とブラブラ外を歩いたわけです。古い建物を見たり、河をながめたり、まだ七時半ぐらいだったと思うんですけれど、たくさんの人がすでに働き始めていました。道路や広場の掃除とか、店の前に椅子を並べるとか。

その時に、思い出したのが「そういえばこの国は三五時間労働の国だよな」ということでした。特別な理由がないのに週三五時間を超えて人を働かせると、経営者が罰せられるという国なんです。朝の七時から働いているとすると、週五日かける一日七時間労働ですから、目の前で働いている人たちはフルタイマーでも、お昼過ぎには仕事を終える計算になるわけです。それぐらいの労働時間でも、ドイツは日本より時間あたり賃金がずっと高いので、日本よりむしろ豊かなくらしができる。飛行機で一二時間ほど飛ぶと、それだけ違う社会になるんですね。なんだか不思議な気がしました。

あわせて、思い出したのは「有給休暇をちゃんと取らせる」ことが、経営者の義務になっているということです。先日、たまたまドイツで研修をしたという中小業者団体の方から聞いたんですが、例えば一〇人ぐらいの人が働いているお店で経営者が正月にする大切なことは、それぞれの人が、いつまとめて有給を取るかを確認することだというのです。それが、その店の一年間の経営計画を決める前提になる。人間のくらしを優先して「資本の自由」を制御するドイツの法的ルールはたいしたものですね。そうやって、経済のあり方を変え、人間社会の質を確保しようとしているわけです。

●日本社会の弱点に飛躍を起こしつつある市民運動

石川：今回の旅行では、一八四八年革命がずいぶん話題になっています。こんなに革命、革命って言っている旅行者集団はめったにないだろうと思うのですが、この革命は、ドイツの社会が、民衆の力で、古い封建的な身分制を打ち倒し、等しく人権をもった国民の合意にもとづく政治、議会制民主主義にもとづく政治をめざした努力の一コマでした。四八年の革命は民衆が敗北しますが、闘いは、ワイマール共和国の樹立へ、その後に、ナチス政権の誕生といった大きな屈折も体験しながらつづき、その歴史の積み重ねの上に今日のドイツは立っています。

社会の発展という時、社会の仕組み、制度の問題とともに、それをつくる人々の能力の発展に注目することが必要です。その角度から日本の近現代を振り返った時「明治維新は、はたして民衆によって勝ち取られたものだったか」、「大日本帝国憲法から日本国憲法への転換は、はたして国民多数の闘いによって実現したものだったか」――。そうした問いが立ち上がります。国民が第九条に象徴される「平和憲法」を切望したのは事実でしょうが、たとえば基本的人権についてはどれだけの理解があったでしょう、地方自治に対する理解はどうでしょう。かなりあやしかったのではないでしょうか。そして、それは基本的に今日もつづいている。

基本的人権について、国家が国民の思想・信条、職業、転居など各種の自由を守ることを中心にした段階の憲法を「近代憲法」と呼び、国家が国民の生存、教育、労働などの「社会権」を守ることを加えた段階の憲法を「現代憲法」と呼ぶそうですが、日本社会には、これらを民衆が闘いとった経験がありません。特に国民の生存権（第二五条）、教育権（第二六条）、労働権（第二七条）、団結権（第二八条）を国が守るという社会権については、その意味の重さも分からない。実際、朝日訴訟などの「生存権裁判」は広く市民を巻き込む社会全体の取り組みにはならず、戦後の労働運動も社会保障を長く重視することができませんでした。九〇年代後半からの「勝ち組、負け組」論や「自己責任」論に、「社会権を忘れるな」「国には全国民を守る義務がある」という正面からの反撃が、ただちに起こらなかったところにも、そうした歴史の弱点が反映していると思います。

そこに新しい飛躍を生みつつあるのが、二〇一五年に始まった「われわれが主権者だ」「安倍政権を倒せ」という市民運動の広がりです。一五年末に結成された「市民連合」は、戦争法の廃止や集団的自衛権の閣議決定撤回に加え「個人の尊厳を擁護する政治」を求めました。九条を入口にした「平和・民主主義・立憲主義を守れ」の運動が、九条をこえて国民の基本的人権に、さらに「社会権」の問題に広がっている。目の前で日本の社会と個人の急速な政治的成熟が進んでいる。ぜひ、大きな結果を残したいですよね。以上が、眠い朝の散歩をきっかけに思いついたことでした。

●マルクスと友だちになるのはコワイ

石川：さて本題です。今朝、ヘレスさんのお話に触発されたところを三点しゃべらせてもらいました。くり返すと、一つは、二〇世紀のマルクスのゆがみを正し、一九世紀のマルクスをあらためて明らかにするということでした。それがマルクスの現代的な意義を論ずる前提だと。二つ目は、マルクスとエンゲルスの学問をいつでも一体だと思い込むのでなく、冷静に事実にそって見ていこうということです。三点目は、ヘレーネ・デームートとの子どもの問題について触れましたが、マルクスを神格化するのでなく、ありのままに等身大で捉えていこうということでした。

ヘレスさんは、「二〇世紀のマルクスはダメ」とさかんに言われ、「ぼくは歴史家だから、歴史のままにマルクスを捉える」とくり返されました。二〇世紀のいわゆる「マルクス主義」は、マルクスの理論をねじまげただけでなく、マルクスの神格化も進めていったと思います。ソ連発のマルクス主義、内実はスターリン主義ですね。スターリンが許容したマルクスの伝記や、マルクスの美しい愛の物語とか家族の物語は、そのすばらしいマルクスの後継者であるスターリンを神格化させる手段とされたように思います。

以前、『超訳マルクス――ブラック企業と闘った大先輩の言葉』という本をかもがわ出版から出された紙屋高雪さんとの共同企画に加えていただいた時に、「マルクスがもし同時代に生きていたら、学びたいことはいっぱいあるが、たぶん、友だちになりたいとはあまり思わなかったと思う」と話したことを覚えています。ヘレーネ・デームートとの子どもの問題もそうですし、マルクスの生家を案内してくれたガイドさんは「マルクスって、経済観念のない人ですから」とも言われていましたね。四八年革命に敗れた後のロンドンで、マルクス家はしばらく極貧時代をすごし、次々と子どもを失います。その時に「棺桶も買うお金がありません」といった手紙をエンゲルスに書いていますが、その前に自分でお金を稼ぐことを真剣に考えた形跡はほとんどありません。「字がへただから」という理由で就職を断られたことがあるという記録はあるようですが、こういう人生を「悲しみに耐えて革命に身を捧げたマルクス」というふうに美しく描いてしまうのは、まちがっているのではないでしょうか。「運動のためだから」という理由で家庭をかえりみない人は、いまの時代も少なくないように思いますが、そこにはこうしてつくられた「美談」の影響もあるように思います。

ぼくは、マルクスの考え方については多くを学ぶことができると思っています。ヘレスさんも、変革論もふくめてシンパシーを持っているとはっきり言われていました。しかし、そのことと、マルクスにまつわるあらゆることを肯定し、それを丸ごと引き継がねばならないと考えるマルクス原理主義者であることは、別のことだと思っています。

〔補足――メアリーの死に際してのマルクスとエンゲルスの友情の危機〕

「(エンゲルスの恋人メアリーが死んだことを知らせた手紙に対するマルクスの返信を見て――石川)エンゲルスはその冷淡さに愕然とし、この手紙は二人の友情に最大の危機をもたらした。『このたびぼく自身の不幸と、それにたいする君の冷やかな態度ゆえに、これ以上早く返事を書くことがまるで不可能であったことは、君もしごく当然のことと思うだろう』……。マルクスは当然ながら恥じ入った。『君にあの手紙を書いたのは、私がひどく間違っていた。手紙を送ってすぐに後悔したよ。しかし、そうなったのは決して薄情さゆえではない』と、彼は一週間後に返事を書いて、彼の家庭の悲惨な状況を言い訳にした。ぎこちない頭の下げ方ではあったが、マルクスはここで珍しく詫びており、傷心のエンゲルスはそれを即座に受け入れた。『率直に言ってくれてありがとう』と、彼は返答した。『一人の女性と何年間もずっと暮らせば、その死によって恐ろしい打撃を受けないはずはない……。君の手紙が届いたとき、彼女はまだ埋葬もされていなかった……。今回の手紙はその埋め合わせとなり、メアリーを失ったあげくに、僕のいちばん古い親友まで失わずに済んだことをうれしく思う』」（トリスラム・ハント『エンゲルス――マルクスに将軍と呼ばれた男』筑摩書房、二〇一六年、二九五～二九六ページ）

●エンゲルスほどの大人物が自分を第二バイオリンと語る

石川：次にエンゲルスとの関係の話ですが、マルクスの『資本論』が今日のようなかたちで残っているのはエンゲルスのおかげです。マルクスは生前、『資本論』の第一部しか出版できず、残された草稿から第二部、第三部をまとめたのはエンゲルスでした。その点で、エンゲルスが果たした役割はとても大きかったと思います。

夕べ、ヘレスさんが、エンゲルスはどんな人だったかについて、とても愉快そうに語ったことのひとつは、「二〇か国語をしゃべったんだ」ということでした。確かに語学の才能は、若い頃から発揮されていたようです。くわえて、ヨーロッパ大陸では、国境に壁があるわけじゃないですから、亡命とか、活動上のいろんな理由で、運動家もどんどん移動します。マルクス、エンゲルスに会いに来る人もたくさんいました。そういう必要に迫られて、エンゲルスはますます語学の力をのばしたようです。ロンドンに渡ったマルクスがまだ英語でものを十分書くことができなかった時期には、マンチェスターでエンゲルスが原稿を翻訳するということもありました。

また、マルクス主義・科学的社会主義を学ぼうとした時に、人が最初に読むものといえば『空想から科学へ』とか『フォイエルバッハ論』など、マルクスの著作よりもむしろエンゲルスの著作なのではないでしょうか。他にも『反デューリング論』とか、『家族、私有財産および国家の起源』といった名著があります。ぼくは、特に『フォイエルバッハ論』のなかでの史的唯物論の生き生きとした解説が肌にあうようで、それをくり返し読んできました。

そういう大人物にもかかわらず、エンゲルスは、マルクスが第一バイオリンで、自分は第二バイオリンだ、マルクスとともに生きることができたのは幸福なことだったと人生を振り返ります。生前にはマルクス家の経済生活を支えるために、二〇年もの資本家生活に耐え、マルクスが亡くなった後には『自然の弁証法』など自分のやりかけの大仕事を取り止めて、『資本論』第二部、第三部をまとめる仕事に取り組みました。エンゲルスは本当にマルクスの才能に、惚れ込んでいたんでしょうね。逆にいうと、マルクスは、エンゲルスによる人生のマネジメントがあったからこそ、これほどの研究と活動の成果を残すことができたと言えるのかもしれません。

〔補足――マルクスとの共同関係について（エンゲルス）〕

「僕の健康のことは、心配しないように。……それよりも、具合の悪いことは、マルクスを失って以来、僕が彼の代理をしなければならないことです。僕は、一生涯、自分に向いたことをやってきました、つまり、第二バイオリンを弾くということで、この点では自分の役割をかなりによくやってきたつもりです。そして、マルクスのようなすばらしい第一バイオリンをもっていることを、僕は喜んでいました。ところが、いま突然に理論上の問題でマルクスの代わりをつとめ、第一バイオリンを弾くことになったのですから、しくじりはまぬかれられません。そして、そのことを僕以上に痛感している者はいません。もっと激動的な時期がおとずれしだい、マルクスを失ったことがわれわれにとってどれほどの損失であったかが、いよいよはっきり感じられるでしょう。迅速な行動が要求される任意の瞬間に、彼がつねに正しい判断をくだし、すぐさま決定的な点に攻撃をくわえたあの眼力、それはわれわれのだれひとりもたないものです。平穏な時期には、ときどきは彼よりも僕の考えのほうが正しかったことを事態の成り行きが示したことも、たしかにありましたが、革命的な時機には、彼の判断はほとんど誤りのないものでした」（フリードリッヒ・エンゲルスからヨハン・フィリップ・ベッカーへの手紙、一八八四年一〇月一五日、『マルクス、エンゲルス書簡選集』（中）、新日本出版社、二八六～二八七ページ）

●マルクスの著作を母国語で読めるのは日本など四か国だけ

石川：あとは、いくつか断片的なお話です。「新メガ」が出版途上にありますが、『資本論』の草稿は、すべて日本語に訳されています。大月書店から出された『資本論草稿集』（全九巻）です。それは日本語になっていますと話をした時、驚かれたヘレスさんの口から出てきたのは「オータニ」という名前でした。「オータニがやったのか」というのです。オータニというのは、法政大学名誉教授の大谷禎之介さんのことです。大月の『草稿集』の翻訳もされていますし、「新メガ」の編集の仕事もされています。大谷さんの他にも何人かの日本の研究者が「新メガ」の編集にかかわり、精力的な研究をされていることをお伝えしておきます。

マルクス、エンゲルスの翻訳は、日本では戦前から行われました。最初の『全集』は改造社という本屋さんからです（一九二八〜三五年）。当時、ソ連で出されていた『マルクス・エンゲルス全集』の翻訳ですが——これが「メガ（ＭＥＧＡ）Marx-Engels-Gesamtausgabe」と呼ばれたので、いまのものを「新メガ」と呼んでいます——、ソ連での出版が途中で終わってしまいました。それについては、スターリンに不都合があったからという指摘もされています。それによって、改造社版も途中で終わらざるをえなくなったのですが、戦前、あの激しい弾圧の時代に、そういう努力がされているんです。日本語版で三二冊になったそうです。それから、戦後には、大月書店からいわゆる『マルクス・エンゲルス全集』——実際には「選集」なんですが——、これが出ています。

そうやって、自分たちの言葉でマルクス等の著作や手紙のほとんどが読めるのは、じつはドイツ語、ロシア語、英語、日本語を使う人に限られています。世界でこれだけなんです。日本の運動や研究は、マルクスやエンゲルスの思想をその人の言葉にそって、つまりスターリンを経由することなしに研究するという文化を、戦前からもっていたのですね。

これは現代日本で、ソ連型「二〇世紀のマルクス」の影響が比較的少なく、「一九世紀の、マルクス」を正確に捉え返そうという研究が活発であることの大きな条件になっていると思います。

●社会主義には雑多な潮流があったがマルクスの考え方が各国で継承

石川：もうひとつ、別の話ですが、ヘレスさんは第一インターナショナル（国際労働者協会）の話をされていました。「第二」というのは、その後に「第二」ができたので、あとからそう呼んだわけで、当人たちが最初から「第一」と名乗ったわけではありません。また、この第一インターには、最初からマルクスのお仲間が集まっていたわけでもありません。ヨーロッパでは、資本主義の発展にともなう貧富の格差が、工場周辺への労働者スラムの形成といったかたちで広がっていましたから、資本主義の部分的な改革にせよ、資本主義を超える社会の模索にせよ、いろいろな運動があらわれていました。マルクスはそういういわば雑多な諸潮流を、第一インターの取り組みをつうじて、次第にひとつにまとめていきます。そこの手腕は見事なものです。

当時、ドイツのラサール派やフランスのプルードン派は、労働組合やその賃金闘争を、革命運動の邪魔者として否定していましたが、そうした見解を乗り越える論戦のためにマルクスが書いた原稿が『賃金、価格、利潤』です。マルクスの経済理論に対する最良の入門書ですが、この論戦で圧倒的な多数の合意に成功したことは、その後、今日にいたる労働組合運動の発展に大きな意味をもちました。

ただし、ヘレスさんが「南欧の急進派」と表現していたバクーニン派の影響を拭うのは、マルクスであっても一苦労でした。バクーニンは「無政府主義者」として知られた人ですが、彼の「無政府」ぶりは徹底していて、政治の領域における闘いそのものを否定するものでした。結局、マルクスは、次第に洗練されていった第一インターの運動と思想を多くの仲間と共有しながら、他方でバクーニン派に組織を乗っ取られることを回避するために、その本部をアメリカに移し、これに静かに息を引き取らせるという作戦をとりました。第一インターは、一八六四年から七六年までつづきましたが、アメリカに本部を移すことを決めたハーグ大会は七二年のことで、実質的な活動は六四年から七二年までの八年間のことでした。

第一インターはこうして終わりましたが、その思想は生きて、運動は次の段階に進みます。各国に、政治闘争をつうじて労働者の政権をめざすための政党がつくられるようになるのです。第一インターの時代には、労働者の政党はドイツのラサール派という、マルクスとは対立する考え方のものが唯一存在するだけでした。しかも、これは第一インターに加わりませんでした。そうした状況を超えて、各国に、マルクスの理論的影響を多かれ少なかれ受けた政党が生まれるようになるのです。すでに六八年にはドイツに社会民主労働党が生まれていましたし、七九年にはフランス労働党が創設されるといった具合です。

●マルクスがマルクスを乗り越えていく

石川：ちょっと脇道にそれますが、先ほどの『賃金、価格、利潤』で、マルクスは「労働組合」を革命のために使うべきだと述べています。現代人が読むと、「えっ?」と思う個所ですね。組合運動と革命運動は、まったく次元が違うものだろうと。どうしてそうなっているかというと、この原稿はドイツに先の政党が生まれる三年前のもので、全体として労働者による社会改革の運動が、組合運動と政党運動に分化する前のものなんです。マルクスの文章は、そういう歴史の局面に応じたものになっていたのでした。ですから、現代では「労働運動」というと、多くの人が「労働組合運動」をイメージすると思いますが、この時期までのマルクスの「労働運動」は革命運動もふくめた広い意味を持つ言葉になっています。

そこを分かりやすく表現するために、時に「労働者運動」という言葉でそれを区別してはどうかという提案もされています。

このあたりの問題を「二〇世紀・一九世紀のマルクス」論にもどしておくと、じつは、「一九世紀のマルクス」も一色ではないのですね。あたり前のことですが、若いマルクスと円熟したマルクスでは、研究の内容に大きな変化があります。二九歳で書いた『共産党宣言』と、四九歳で出版した『資本論』第一部には二〇年近い研究の蓄積格差があるわけです。「一九世紀のマルクス」といっても、その内部には「マルクスの成長の歴史」があり、そのことは『資本論』の「草稿集」にもあらわれています。たったいま自分で書いたことを、次の段落で否定して乗り越えていくといったところがいくらでもあるのです。それは『資本論』の第二部、第三部をまとめたエンゲルスをも混乱させるものとなり、今日では残された第二部、第三部からマルクスの思索の「到達点」と「途中経過」を腑分けすることさえ、大きな課題とされています。「一九世紀のマルクス」を、その成長の歴史のなかで読む。これはマルクスだけに限ったことではなく、成長の急速な学者の思想を捉える時にはいつでもそうでしょうが、忘れるわけにはいかないことだと思います。

内田：ありがとうございました。
石川：さあ、ここからですよ、問題は（笑）。

●マルクスへの理解ぬきに一九世紀社会科学は理解できない

内田：石川さんは、マルクスの翻訳が揃っているというのが、ロシア語と英語と日本語しかないという話をしていましたけれども、ぼくたちが出した『若者よ、マルクスを読もう』には、出してすぐに韓国語版のオファーがあったんです。実際に出版されたんですけれども、韓国語版の前書きを書くことになりまして、その時に「アジアにおけるマルクスの受容」という問題を考えてみたら、まともなのは日本だけだということに気がついたんです。
　韓国の場合は戦前、日本の植民地だったわけで、治安維持法の時代ですから、当然のことながらとてもマルクスなんか読めないわけです。戦争が終わったあとも、今度は北との戦いがあったわけで、反共の砦でしたから、「反共法」がつくられて、一九八〇年代まではマルクスに関するものは所持することも読むことも、もちろん刊行することも許されなかった。ぼくは時々、韓国に講演旅行に行っているんですけれども、第一回の旅行の時に知り合った朴先生という方は、ソウル大学の経済学部の院生だった時に、どうしてもマルクス主義というのがどんなものか知りたいというので、『資本論』のコピーを手に入れて、それを読もうとしていたら逮捕されて、懲役一五年の刑を受けたというのです。実際には一三年半で出獄したんだけれども、本を持っていたというだけで、そういう環境にあったわけです。

八〇年代以降、反共法はなくなったけれども、そういう歴史的な経緯もあって、韓国にはマルクス主義、マルクスの文献を読むというリテラシーはほとんどないわけです。でも、マルクスを読むリテラシーがない社会というのは、ヨーロッパ発信の社会科学についてはほとんど分からないということですよね、極端に言っちゃうと。ほとんどの社会科学、一九世紀以降の社会科学というのは、どこかでマルクスを参照しているか、あるいはマルクスに対して非常に強く反対しているかです。カール・ポパーとか、ハイエクとか、マルクスを仮想敵とみなして理論を構築する人もいますが、そういう場合でも、マルクスが何を言っているか分からなかったら、何をこのハイエクは怒っているんだろうって、意味が通じませんよね。ハイエクを理解するためにも、マルクスへの理解が必要になってくるというのが、一九世紀の社会科学です。

●日本でマルクスが読めることを「ミッション」と捉えて

内田：その点、ぼくたちは、わりと普通にマルクスについての文献が簡単に手に入る。それについての日本人が書いた研究が簡単に読めるんですね。そういうような環境にいるわけです。けれども、そういう、自由にマルクスについて論じられる環境というのは、じつはアジアにあるのかしらといったら、韓国はとにかく、ようやく近年になって少しずつ翻訳が進んでいるけれども、たぶん、まだ韓国語にダイレクトに訳せるところまではいっていないでしょう。だから、日本経由のものを読んでいるというのが、おそらく主体だと思います。中国はどうかといったら、毛沢東主義の国ですから、自国の国是というか、国の方針に合うようなかたちでの読み方しか、もちろん許容されていない。「実像マルクス」なんかを研究しようなんていうことは一切できないというような環境にあるわけです。もちろん、北朝鮮も当然ですよね。北朝鮮はマルクス主義を使用して新しい思想をやっているわけですから、そんなところでマルクス主義について研究するなんていうことは、「お前、なにか、将軍様に文句でもあるのか」ということになりますからね。カンボジアなんていったら、共産党が同国民三〇〇万人を殺したあとですから、うっかり「マルクス」なんていった日にはどんな目に遭うか分からない。逆に、インドネシアの場合は、インドネシア共産党が六四年に弾圧され、大量虐殺されているわけですから、これも「マルクス」なんていうことをうっかり口にすると命懸けという状態です。

そういうことでいうと、自由な立場からマルクスについて研究したり、それについて発言したり、自分の解釈を述べたりっていうことができる国って、東アジアには日本しかないということですよね。大事なことは、そういう状態を、「あ、そういう特権的なポジションにいるって幸せだな」と思うのではなくて、これはひとつのミッションというふうに考えることだと思うんです。ロシア語と英語と日本語になっているということですが、ロシア語に訳した人たちがあんまりミッションを感じているとは思えませんよね。英語だって、マルクスには英語で書いたものはありますし、ずっとロンドンで活動していたわけですから、ミッションという感じではないでしょう。文化的なバックグラウンドがまったく違う、言語も違うところで、かなり遠い距離を置いているところで、一生懸命、自分たちのなかに取り入れて血肉としていこうという、自分たちの文化的な背景がまったく違うところから身を乗り出すようにして、自己超越という感じでマルクスにアプローチしていったのって、日本だけなんです。例外的な国なんですね。これは誇るべきことです。ぼくは日本の悪口ばかり言っていますけどね、まあ、たまには誇るべきところもある。

会場：(笑)

●マルクス研究一〇〇年の伝統は文化遺産

内田：誇るべきなんだから、同時にこれはミッションでもあると考えたほうがいい。共産党を名乗っている政党が国会に議席をそれなりに持っているところなんて、フランスと日本しかないんじゃないですかね。イギリス共産党だって議席は持っていませんからね。ドイツだって共産党という名前の政党はありません。中国共産党は一党独裁の国ですから、これは言ってもしょうがないわけですし。ロシア共産党は議席を持っているのかな、国会に。

松竹：大ロシア国家主義の政党で、共産党と呼べるような政党じゃないですけど、議席はありますね。

内田：そういうふうに考えると、マルクス主義政党でその伝統を継いでいって、絶えずマルクスの読み直し、刷新を行いながら、国内の一定の政治勢力として生きている国というのは、日本とフランスしかない。

そう考えると、これはやっぱり、歴史的な使命を託されているんじゃないかなという気がする。ぼくたちは、なんとなく、世界中の国が同じようにマルクスを読んでいて、そのひとつとして日本人も読んでいると思っているかもしれませんけれども、そうではないということですよね。かなり日本人というのは特殊なポジションにいる。これはやっぱり、大事にしなきゃいけません。明治時代から一生懸命、社会運動の文献を訳してきた先人たちから連綿とつながってきている、途中で絶えなかったということ、治安維持法の時代もありましたけれども、それでも地下に潜っていって絶えなかったという、このマルクス研究一〇〇年という伝統を持っているっていうことは、とても大切な、日本のひとつの文化遺産じゃないかなって——遺産って言っちゃいますけれどもね。

会場：（笑）

石川：死に絶えなくて良かったです、ははは。

内田：まあ、ひとつの宝ではないかなと思って、大事にしていかなきゃいけないというふうに、改めて思いましたね。どないです？

●最大の焦点はスターリン

石川：はい、いまのお話を引きとらせていただくと、「一九世紀のマルクス」が「二〇世紀のマルクス」に、なぜこうまで大きく中身を違えるものになってしまったのか。また、それが世界に広く普及され、浸透していったのはなぜなのか。マルクスやマルクス主義の名前で大量虐殺さえ行われたわけですが、それは一体どうして可能だったのか。そういう問いが立つわけです。それを究明する上での最大の焦点は、スターリンだと思います。

内田：うーん。

石川：レーニンが一九二四年に亡くなったあと、スターリンはロシア革命を闘ったレーニンの友人たちを、文字通り抹殺しながら、個人専制の独裁権力を一九三〇年代に打ち立てます。同時に、スターリンは、こうした力による支配だけでなく、マルクスやエンゲルスを敬愛する人々に、同じく自分も敬愛させたいと考えました。しかし、書き物によってその欲求を満たすことはできません。そういう能力をスターリンは持ち合わせませんでしたから。そこで、スターリンは、一方でマルクス、エンゲルスを二〇世紀の帝国主義の時代には通用しない古いマルクス主義だと相対化して、他方で自分をレーニンとともに帝国主義の時代にロシア革命を達成した先覚者だと定式化し、これを広める活動に取り組みます。

「マルクス・レーニン主義」という言葉を使い、広めたのはスターリンですが、この言葉には、最初からこうした目論見がこめられていました。この企みは、レーニンが亡くなった直後から、ただちに実行に移されます。『レーニン主義の基礎』（一九二四年）がそのスタートです。のちに、スターリンは『レーニン全集』を刊行しますが、それは本当の「全集」ではありませんでした。スターリンにとって都合の悪い文献や書簡を削除したものなのです。二〇世紀はレーニンの時代だと言いながら、スターリンは、そのレーニンの思想や行動もスターリン流にねじ曲げて、自身の思想や行動を正当化する道具としたのでした。

〔補足——マルクス、エンゲルスは過去の人（スターリン）〕

「マルクスとエンゲルスが活躍したのは、発達した帝国主義がまだなかった革命前（われわれはプロレタリア革命のことをいっているのであるが）の時期、プロレタリアを革命のために訓練する時期、プロレタリア革命がまだ直接的、実践的に不可避的なものでなかった時期であった。ところが、マルクスとエンゲルスの弟子であるレーニンが活躍した時代は、発達した帝国主義の時期、プロレタリア革命の展開期、プロレタリア革命がすでに一国で勝利をおさめ、ブルジョア民主主義をうちくだいて、プロレタリア民主主義の時代を、ソビエト時代を開いた時期であった。

だからこそ、レーニン主義はマルクス主義のいっそうの発展なのである」（スターリン『レーニン主義の基礎』一九二四年、『スターリン全集』第六巻、大月書店、八六ページ）

●「二〇世紀のマルクス」の代表的な「理論」をつくる

石川：スターリンによる大量テロルは、一九三五年から三八年頃をピークとします。その目的は、「レーニンを知る世代の絶滅」だったとも言われています。大テロルの手は、海外の労働者党・共産党にも向けられ、ソ連にいた日本の共産党員も犠牲になりました。虐殺を正当化する理由とされたのは、彼らはドイツや日本の帝国主義のスパイなのだというウソでした。大量虐殺に区切りがついた一九三八年に、スターリンは『ソ連共産党（ボリシェビキ）小史』を編集させ、コミンテルンを通じて各国の労働者党・共産党にこれの「学習」を強制します。ロシア革命で大きな役割を果たすことのなかったスターリンが、ここではレーニンと並ぶ革命の指導者と位置づけられました。ロシア革命の歴史の偽造です。

こうした力によるスターリン独裁と、歴史と理論の偽造にもとづくスターリン崇拝の形成過程で、「社会主義体制とはソ連体制のことである」「資本主義は危機に陥って解体する」「革命はいつでも武力によって行われる」「マルクス、エンゲルス、レーニン、スターリンは一体」といった「二〇世紀のマルクス」の代表的な「理論」が構成されます。

第二次大戦直後に、東欧には、ソ連軍が駐留する下でスターリンとソ連への忠誠を誓う諸国家がつくられました。その後、それらの国に、ソ連絶対、スターリン絶対の思想や体制から抜け出そうという動きが起こると、ソ連はくり返しテロルの手を差し向けました。ユーゴ批判、ポーランド批判、チェコ批判などが代表です。こうしてスターリンとその後継者たちの思想に首までひたされた東欧諸国や西欧の諸政党は、一九九一年にソ連が崩壊すると、自らも崩壊、変質する他ありませんでした。

〔補足――『ソ連共産党（ボ）小史』による歴史と理論の偽造〕

「スターリンは、一九三八年九月、『大テロル』の終結とほぼ時を同じくして、『ソ連共産党（ボ）小史』を発表しました（『プラウダ』九月九日、一〇日付に全文掲載）。これは、『大テロル』の嵐のなかで大きな激動をうけたソ連共産党と世界各国の共産党を、スターリンの進める路線のもとに結集するイデオロギー的な武器として、『大テロル』の期間中に準備してきたものでした」（不破哲三『スターリン秘史――巨悪の成立と展開』第二巻、新日本出版社、二〇一五年、二七ページ）

「『小史』の発行は、科学的社会主義の理論のスターリン的な修正のうえで、長期にわたって重要な役割を果たしました。とくに重要な点を揚げれば、次の通りです」。「第一は、『小史』が、スターリンが強行した『大テロル』の正当化のために、ソ連共産党の歴史全体を書き換えたことです」（同、二八ページ）。「『小史』の第二の大きな問題点は、スターリンを引きたてるために、革命の歴史を偽造し、レーニンとともにスターリンがロシア革命を勝利させたという『スターリン神話』をつくりだしたことです」（同、二九～三〇ページ）。「第三の点は、『小史』が、ロシア革命の経験をスターリン的に単純化したうえで、これを革命運動の模範として意義づけたことです」（同、四三ページ）

「スターリンは、こうした特質をもった『ソ連共産党（ボ）小史』を、ソ連とコミンテルンの専門家の総力をあげて各国語に翻訳し、その学習と普及を最重点の任務とした世界的なキャンペーンを展開したのです。モスクワ裁判での告発をソ連共産党の歴史に組み込み、それを外国に通じた『反革命』諸勢力から社会主義のソ連と世界の共産主義運動をまもったスターリンの偉大な事業として正当化したうえ、ソ連における革命と社会主義の事業全体をレーニンとスターリンの共同の事業として描き出したこの『科学的百科全書』普及の世界的キャンペーンは、『大テロル』の衝撃を乗り越えることに役立っただけでなく、スターリンを絶対の指導者として崇拝する『スターリン神話』の強力な

源泉となり、ソ連および世界各国の共産党をスターリン路線に結集するうえで、絶大な力を発揮しました」（同四五〜四六ページ）

●戦前、スターリンの手が日本共産党に届かなかった歴史の皮肉

石川：それにもかかわらず、日本には、どうして「マルクスそのもの」を研究し、それにもとづき社会運動を行う力が継続したのか。そこにも歴史のリアリティを見る必要があります。スターリンが海外の労働者党・共産党にテロルの手を伸ばした時、第一の標的とされたのはヨーロッパ諸国の政党でした。しばらくして、それがアジアに向けられます。日本には、一九二二年に共産党が――いまもつづく日本共産党ですね――、結成されていました。ところが日本の共産党は軍国主義による弾圧との闘いのなかで、三〇年代半ばに、全国的な組織的活動のできない状況に追い込まれてしまいます。スターリンが日本に目を向けたのはその後でしたから、スターリンの影響が届かなかったのです。

内田：うーん。

石川：中央委員会など組織の指導部が解体していたから、スターリンの影響を免れたという……。

内田：なるほど。

石川：歴史の皮肉ですよね。

内田：ははははは。

石川：その結果として、比較的健全なマルクス研究とそれにもとづいた運動が、戦後日本のスタートラインに残りました。しかし、戦後早々に、スターリンはあらためて日本共産党への力ずくでの介入を開始します。

第二次大戦中のソ連とアメリカは同じ連合国の一員で、密に連絡を取り合って共同の作戦を実施する仲間でした。これが戦後には「冷戦」という対立関係に変化します。戦争の最後の時期に、ルーズベルトからトルーマンに大統領が変わり、アメリカはソ連・東欧との対決を外交の軸にすえていきます。それによって国内政治も反動化します。ルーズベルト時代の一定の民主主義には、内田先生がふれた労働運動の影響も強くあったと思います。しかし、トルーマン時代にはレッド・パージという名前の弾圧がこれに加えられ、アメリカの社会運動は大きく萎縮させられます。

他方、スターリンはスターリンで、戦時中にドイツとの戦いのなかで進駐させた軍隊を使って、東欧にソ連に従属する体制を広める企みを進めていました。しかし、それが思ったほどスムーズに進まない。しかも、アメリカが西ヨーロッパ諸国の再建強化に乗り出してくる。そこでスターリンは東欧への支配を確かなものにするために、アメリカの力の分散をはかっていきます。アジアで新しい戦争を起こし、アメリカの力をヨーロッパとアジアに二分させようとしたのです。スターリンは第二次大戦中から世界支配への野望を強めていましたが、世界を支配しようという人間は大きな絵を描くものです。

内田：ははは。

●日本共産党に「武装闘争」を求めた背景

石川：こうして始められたのが、一九五〇年の朝鮮戦争でした。スターリンが金日成に指示して、北から南へ攻め込ませます。しかし、ソ連はこの戦争に手をとられるわけにはいきません。そこで「ソ連と中国は兄弟党、兄弟国」「アジアは中国にまかせる」という建前で、この戦争に中国を巻き込みます。大量の中国軍を朝鮮半島に投入させたのです。中国は四九年に、毛沢東を指導者とする共産党が国民党から政権を奪ったばかりでした。

この時、アメリカは「国連軍」の名で南側から朝鮮半島に上陸しますが、スターリンはこのアメリカの動きを後方から攪乱するために日本共産党を利用しようとします。日本は四五年から五二年までアメリカに軍事占領されていましたから、当時、日本に駐留していた米軍が、多数、朝鮮半島に渡ります。その米軍の足を引っ張るために、日本の共産党に「武装闘争」をさせようとしたのです。このスターリンの介入によって、日本の共産党は分裂し、分裂した一部がソ連に追随して「武装闘争」を行うことになっていきます。他方の側には、ソ連への反発と不信が強められることにもなりました。

〔補足――アメリカを極東にそらせていく（スターリン）〕

「われわれが安保理（そこで北朝鮮非難決議や『国連軍』の派遣決議が行われた一九五〇年六月二五日の会議――石川）を退席したのには四つの目的があった」

「四つ目は、米国政府にフリーハンドを与え、安保理での多数を利用してさらなる愚行をおこなう機会を提出し、世論が米国政府の真の顔を目にできるようにすることだ」

「米国が現在ヨーロッパから極東にそらされていることは明らかである。国際的なパワーバランスからいって、これはわれわれに利益を与えているだろうか。もちろん与えている。

米国政府が今後も極東にはまり込み、中国を朝鮮解放と自らの独立の戦いにまきこんでゆくと仮定しよう。そこからどういう結果がえられるだろうか。

第一に、米国は、ほかのすべての国と同じく、強大な軍事力を即戦力としてもつ中国に対処することはできないだろう。その結果、米国はこの戦いで疲弊してしまうだろう。

第二に、これで疲弊してしまった米国は、近い将来第三次世界大戦を戦うことはできないだろう。その結果、第三次世界大戦は期限なく先延ばしされ、ヨーロッパで社会主義を強化するために必要な時間が確保されるだろう」（ヨシフ・ヴィッサリオノヴィチ・スターリンからクレメント・ゴトワルト〔チェコスロバキア大統領〕への手紙、一九五〇年八月二七日、不破哲三『スターリン秘史』第六巻、新日本出版社、二〇一六年、二一九〜二二二ページ）

●分裂させられた歴史を総括して

内田：うーん。

石川：この時期、ソ連はインドの共産党にも「武装闘争」を求めましたが、党を分列させ、中国に指導機関を設置し、武装闘争の組織化を推進するという大がかりな干渉を行ったのは日本に対してだけでした。しかし「武装闘争」と言われても、日本共産党が米軍占領下で「武器」など持っているはずもありません。そこで「山村工作」といった「ゲリラ戦」

――実際には思想教育くらいしか、やれることはありません。そして、そんな道に迷い込んだ結果、四九年の総選挙で三五議席を得ていた共産党は、五二年にすべての議席を失います。

アメリカによる日本の占領は、かたちの上では五二年に終わりました。その後も、日米安保条約による事実上の占領が継続しますが。そして、スターリンが五三年に亡くなると、朝鮮戦争はほどなく休戦状態に入ります。日本の共産党も少しずつ分裂の克服、統一の回復へと進み、五八年の第七回大会で、共産党は正式に統一を回復します。重要だったのは、この大会で日本共産党が、どんな時にも他党・他国に従属することをしない「自主独立」の路線を確認したことでした。そこには、スターリンやソ連を絶対視しないという態度が、当然含まれます。ここから日本の共産党は、ソ連を頂点とした世界の共産主義運動の「異端児」となっていくわけです。

ですから、戦前は弾圧によってつぶされていたのでスターリンの手が入らず、戦後はスターリンの介入で分裂させられ、その総括からスターリンに屈しない、その他誰にも従属しない「自主独立」の路線にたどりついていく。そういう体験をへて、日本の共産党は「自分のあたまで考える」姿勢を獲得していったのです。

内田：なるほどね。

石川：さらに、その後のスターリンやソ連の思想、政治体制についての研究の深まりもあって、ソ連が崩壊した瞬間、日本の共産党はそれを「巨悪の崩壊」と肯定しました。崩壊と同時にそういう態度をとった共産党は、他になかったと思います。

内田：うーん。

石川：「万歳」とまで言いましたからね。科学的社会主義の運動にとっての邪魔者の崩壊という位置づけでした。

内田：なるほど。

石川：だから「歴史は面白い」というと傍観者的すぎるんでしょうけど、マルクス主義だから、共産党を名乗っているからこう考えるはずだといった憶測によってではなく、歴史はやはり事実にもとづいて捉える必要がありますね。

内田：いろんな偶然的なファクターによってね。

松竹：そろそろ質問を……。

内田：そうですね、はい。質問タイムで。

●現行『資本論』に恐慌のメカニズムがない理由

会場：エンゲルスが草稿から自分の考えを抜き書きしたというか、取捨選択したというか、『新メガ』研究が盛んになって、それを比較対照することが開始されているのは分かります。しかし、エンゲルスが生きていなければ、マルクスだけでは『資本論』第二部、第三部が発行されなかったわけですね。ですから、それは偉大な功績として捉える必要があると思います。理論的な面での、とくに、『資本論』第二部、第三部を発行するにあたってのエンゲルスの役割というのは、石川先生はどういうふうに捉えますか。

石川：『資本論』第二部、第三部を残したのがエンゲルスの大きな功績だというのはまちがいありません。それがなければ、マルクスの残した草稿は、いまもただバラバラに読まれるだけであったのかもしれません。

それを認めた上で、最近の研究が明らかにしつつあるのは、エンゲルスによる第二部、第三部の編集は、必ずしも、マルクスの研究の到達点をいつでも正確に反映したわけではないということです。その結果、では本当にマルクスが考えていたのはどういうことか、エンゲルスはどうしてそこをそのようにまとめてしまったのか、という問いが立つようになってきています。

ヘレスさんは、利潤率の傾向的低下をめぐる問題を指摘しましたが、その他に、日本の研究が大きな論点として指摘していることのひとつに、恐慌論にかかわる問題があります。マルクスは『資本論』第二部の草稿を八つ残しました。第三部のものは、基本的にひとつだけです。マルクスはこうかな、ああかなと、考えたことを草稿にそのまま書いていくので、まるで違う考え方が、同じ草稿のすぐ近くに同居していることがよくあります。さらに、草稿が八つもあるとそれを手際よくまとめるのは大変です。第二部をまとめる時に、エンゲルスは最初の草稿、第一草稿を利用していません。最初のものだから未熟なものだと考えたのかもしれません。ところが、その第一草稿には、他の草稿にない「恐慌の運動論」に関する記述が含まれていました。残念ながらこれが採用されなかったため、現在の『資本論』には、恐慌の「抽象的な可能性」と「原因」はありますが、恐慌がどうやって発現するかという運動のメカニズムが入っていません。そこで、マルクスの恐慌論の全体像を捉えるには、現行『資本論』の内容を、第二部第一草稿で補う必要があると言われています。さすがのエンゲルスも、そこまで草稿を読み込むことはできなかったという問題です。

では、その運動論を、マルクスは『資本論』のどこに入れるつもりだったのか。それもなかなかの大問題です。ぼくの若い頃には、『資本論』全三部の構成は、第一部が生産のための生産、第二部が消費のための生産、生産と消費の矛盾が論じられるのは第三部という有力な見解がありました。この理解にもとづくと「恐慌の運動論」は矛盾の具体的な展開過程として、第三部に入ることになるのですが、マルクスはこれを第二部の草稿に書いていています。さらに細かく、それは第二部の第三篇に入れる計画だったと推測させるメモも残していています。もし第二部にこれが入るのであれば、矛盾は第三部でという『資本論』の組み立て全体に対する理解も大きく変わることになってきます。エンゲルスによる編集の問題点を指摘する代表的な事例のひとつです。

●スターリンがキーパーソン

会場：内田先生。質問じゃなくて、ちょっと、注文的なことがあります。アメリカでの、マルクスの援助、貢献によって、一九世紀からアメリカの労働運動がものすごく劇的に進んだこと、さらにアメリカとソ連は第二次大戦では同盟国だったこと、しかし戦後は冷戦が始まり、アメリカはソ連を敵視して、一方でアメリカ共産党はスターリンに追随していくという非常に複雑な歴史のなかで、一時期的にアメリカにおけるマルクスの受容が断絶しているという時代が確かにあったんですけれども、その辺りを立体的に研究したものを、是非まとめてください。

内田：はい。了解しました。

会場：アメリカとマルクス主義との関係についての内田先生のお話、すごく面白いなと思ったんです。同時に、わたしの個人的な問題意識としては、カナダの役割が結構あるんじゃないかなと思っています。たぶん、都留重人先生が書いていたと思いますけれど、マルクス主義をベースにしているんじゃないかと思われる学派がカナダでかなり厚くいて、それがアメリカのほうに学問的にはかなり影響しているというのを読んだことがあります。日本の山本宣治も、カナダに留学している時に、カナダの共産党との関係で共産主義者になっていくんです。カナダというのは、たとえば国民的健康保険は皆保険なんです。アメリカのああいう野蛮な利用制度とは違うんです。ところが、カナダの役割というのがほとんど活字になってこないものですから、ぜひその辺も継続的に教えていただけると面白いなと思います。

内田：カナダね。

石川：大変なことになってきた（笑）。

内田：うーん、だんだん注文が増えていって。

会場：日本がアメリカの属国だということの一方で、アメリカ共産党がソ連共産党の属国的な政党となったように、スターリン的な影響がずっと強かったわけです。世界のいろんな国々でスターリン批判のところが、本当にきちんと総括できて、マルクス主義や共産主義を捉えられるかどうかというようなことが大事だと思います。フーヴァーやマッカーシーも、そういうスターリン型共産主義を最大限活用したわけです。そういうような角度からの研究が求められているような印象を受けますがいかがでしょうか。

内田：はい。そうだと思います。スターリンというのは、結構キーパーソンなんですね。

石川：そうですよね。

内田：なんか、われわれが思っている以上に悪い奴だったと。

●若者とマルクスの読み方

会場：ちょっと話が変わってしまうかもしれないんですけれど、ぼくは京都大学にいるんですけれど、京都大学にはまだマルクスを読む文化が残っているというか（笑）、まったくなくなっているわけではないんですけれど、京都大学でマルクスを読んでいる文化を見ていて、なんて言うんですか、あんまりこう、希望を持てないなというか——。

内田・石川：ははは。

会場：「若者よ、マルクスを読もう」と言われても、「でも、あのマルクスを読んでいる人はああだよね」っていう感じなんです。お二人は、どういうふうに若者にマルクスを読んでほしいんだろうって。この本を読んでみましたが、ちょっとつかみにくいところがあります。たとえば、シールズの方と一緒になることが多いと思うんですけれど、彼らにマルクスをどう読んでほしいと思っていたりするのだろうかとか、訊いてもいいですか。

内田：彼らは読んでないいんじゃない？

石川：うん、『若マル』とか、ぼくの『マルクスのかじり方』を読んでいるというメンバーには出会ったことがありますが、マルクスそのものとなるとどうでしょうね。

内田：たぶん、全然読んでいないと思います。でも、とくに「読んで」と提案する気はなくて、「好きにやりたまえ」っていう感じなんです。自分たちが創意工夫をしてやっていけば、ある段階でたぶん、自発的に、なんでも取り入れようとする過程で、おそらくマルクスも読むんじゃないですかね。で、その時にどういうふうに読むのかというのは、一人ひとり違うと思うんだけれども。

いま、マルクスをこう読めというタイプの強制力ってすごく弱くなっている。ぼくらが学生の頃って、迂闊なことを言うと、「お前、マルクスを全然読めてねえ！」というかたちで、めちゃくちゃな目に遭ったわけだけれども、いまはそんなこと言う人、周りにいませんからね。すごく自由に読める環境になっているんじゃないかなと思います。それが大事だと思うんですよ。

だから、ぼくが『若者よ、マルクスを読もう』でやっているのも、好き勝手に読むっていうことです。ぼくがいま、この本でやっている読み方なんて、七〇年代だったら、絶対に許されませんよね。いまはやっても平気なので、こういう本も書ける。ぼくはとにかく、マルクスのロジックの飛ばし方が好きなわけであって、マルクスのレトリックと諧謔性と、嫌みの言い方と、とにかく飛躍ですよね。「こうでこうでこうだから、こうだ」って、「つながってないじゃん！」っていうね。でも、勢いでつなげちゃうんですよね、無理やり。

だから、直感的には分かるんでしょうけれど、この部分は論証してくれないんですね。でも、直感的にここに行くんだなっていうにしても、その時にあんなに遠くに飛ぶ人っていないんですよ。ぼくはやっぱり、ああいう天才性を見ると、率直に尊敬するわけです。真の天才であると思う。前にも書いたけれど、レヴィ・ストロースが、本を書く前に、とりあえず、マルクスの『ルイ・ボナパルトのブリュメール十八日』を取り出して、数ページ読む。それから書き出すっていうんですけれどもね。マルクスを読むと、頭にカーン！とキックが入るんですよね。このキックが入る、懦夫をして立たしむという感じになる。とにかく読むと元気になるっていうね。中身がどうこうっていうことじゃないんです。なにか知らないですけれどもね、知の持っている力というんでしょうか。例外的な、超人的な知性を持っている人が、何か目の前のものごとをバリバリ！っと分析していく時の、その力技です。それは惚れ惚れする。なんというか、ものすごい大食いの人が、こんな山盛りのトンカツ丼かなんかをカーッとかき込んで、「ああ、ちょっと、人間でもあんなふうにカツ丼食えるのかあ」という感じ。

会場：（笑）

●「こう読め」というと「二一世紀のマルクス」になりかねない

内田：「すごいもんだねえ」と、惚れ惚れと見とれちゃうという感じの、たとえは悪いですけれども、人間ってこんな能力もあるんだなっていうのを知ると、なんか希望が持てるようになるというか、わくわくしてくるところがあるんです。あんまり、ノートを取りながら精密にという読み方はしない。石川さんはそうなんですけどもね。
会場：（笑）
内田：ぼくなんかそうじゃなくって、キックがほしくて読んでいるっていう感じだから、そういう読み方もあってもいいんじゃないかなという気がします。
石川：その京大の人たちが読んでいるのは、果たして「一九世紀のマルクス」なのか、それとも「二〇世紀のマルクス」なのか。そのあたりも確かめてみる必要があるかもしれませんね。それによってその人たちの大学のなかでの発言や行動も、そうとう変わってくるでしょうから。
あと、ぼくらが「若者よ、マルクスを読もう」と言っているのは、「こう読みなさい、ああ読みなさい」ではないんですね。そこは自分で判断してくださいっていうのが大前提です。ぼくがこう読んでいるということはそれなりに書いているつもりですが、でも、同じ読み方を求めるつもりはありません。読んだ人それぞれに、得られるものがあると思うのです。そう思って薦めているわけです。「読み方はこうでなければならない」と言い出したら、それは、またしてもよろしくない「二一世紀のマルクス」になってしまうかもしれませんしね。

会場：オランダに住んでおりますが、フランクフルトでお二人の対談をお聞きできるとネットで知って参加しました。お二人の読み方がすごく対称的なので、すごく知的に刺激されました。わたしも、マルクス主義だとか、そういった文化とは無縁に過ごしてきましたが、オランダの人は、先ほど紹介されたように、みなさん血を流して勝ち取ってきた成果の上に、短い時間でそれなりの所得を得られる生活をエンジョイしているんですね。そういう点では、マルクスをわたしのいまある生活の一部として捉えられて、すごく面白いです。一方、わたしは日本で生まれて、二〇年ぐらいそこにいたんで、日本におけるマルクス主義の捉え方の問題点というのをうかがって、それがオランダの現状とつながって、よく理解できました。オランダでもたぶん共産党というのはありますが、たぶんいまはそんなに力はなくて、SPという社会主義党がどんどん伸びています。そういう左翼の人たちの主張にわたしも共感するし、オランダではわたしはマイノリティなので、そういう人たちの意見で守られているところがあると思うんですね。だから、極右政党が出てきて、「モロッコ人、トルコ人、排斥」と言っていますけど、わたしは排斥される側だと思うと、やっぱり左翼の人たちと手を組んで、地域住民として闘っていきたいと思うし、そこら辺の意識だとかが、お二人の本とかこの対談とかいろいろ合わせて、すごく感銘を受けました。

内田・石川：ありがとうございます。

会場：（拍手）

第二部
グリム編

ドイツ三月革命とフランクフルト憲法

グリムが憲法討議に参加した教会でお話しする池田香代子さん

旅
ガイド
（3月25日続）

さて、フランクフルトです。池田香代子さんのお話を伺う機会です。

このツアーを企画した時、最初はケルンに行きたいと思っていたのです。ケルンは、ベルリン大学を卒業したマルクスが、「ライン新聞」に就職するために住んだ場所です（一八四二年から四三年）。マルクスはその後、パリ（四三年以降）、ブリュッセル（四五年以降）に移り住むのですが、四八年三月に革命が起きると、再びケルンにやってきて、「新ライン新聞」をみずから創刊することになります。ケルンは、マルクスの革命運動に接する上で、絶好の場所なんです。

◇◇◇◇◇◇◇◇◇◇◇◇◇◇◇

「ライン新聞」というのは、ドイツのブルジョアジーが憲法の制定を求めて刊行した新聞です。当時、一七八九年のフランス大革命を経て憲法が制定されると、ヨーロッパ全域で憲法制定をめざす動きが生まれていました。ドイツでも、バイエルンその他で憲法がつくられます。

ところが、ドイツの中心でもあるプロイセンの国王が、なかなか憲法制定の要求に応えてくれません。プロイセンのなかでもケルンをはじめとするラインラントは、すでに紹介したようにフランスの影響が強いのにくわえて、ライン川という物流の拠点もあり、資源も多く、産業の中心地であって、産業革命もドイツのなかでいち早く進んでいました。そのため、ブルジョアジーがわりと強く、新聞をつくって（四二年一月）憲法制定を求めたわけです。そして、就職先を探していたマルクスを編集部に迎え入れたわけです（四二年五月より。一〇月からは編集長）。新聞発行に責任を負っていたブルジョアジーの一人は、カンプハウゼンといって、ケルン銀行の設立者であり同地の商業会議所の会長でした。

マルクスの最初の論文は、プロイセンの検閲制度を批判したものです。マルクスはこの時期、まだ共産主義の思想には到達していませんでしたが、プロイセンの封建制度との闘いを重視していました。こういう傾向を持つ「ライン新聞」は、次第に王政と衝突することとなり、翌四三年三月、発行を禁止されることになります。

◇◇◇◇◇◇◇◇◇◇◇◇◇◇◇◇◇◇◇◇◇

当時のヨーロッパでは、どんな憲法を求めるかについて、二つの方向が存在していました。イギリス流の立憲君主制の憲法か、フランス流の共和制の憲法かです。パリ、ブリュッセルに移り住んだマルクスは、「ライン新聞」の経験から、君主制を残すことはあり得ないという見地に到達します。当時、「君主の主権かそれとも国民の主権か、これが問題なのである」として、両者が和解しがたいものであると述べるようになりました。

そして、四八年。ドイツに三月革命が起きると、マルクスは革命運動に身を投じるため、再びケルンに行くことになるのです。「新ライン新聞」を刊行し、プロイセンにおいても、あるいは全ドイツ規模でも、立憲君主制の憲法ではなく、共和制の憲法を実現することを主張して闘うのです。

じつはケルンには「古文書館」というものがありました。そこには「新ライン新聞」なども保管されていました。ところが数年前、突然、この古文書館が崩落してしまいます。「マルクスの旅」が実施されるまでに、どこかでこれらの資料が展示されることを願っていましたが、残念ながら叶いませんでした。

ではどこに行こうかと悩んでいた時に、池田香代子さんがこの旅に参加することになりました。それならフランクフルトにしようと即断しました。フランクフルトは、全ドイツ規模での憲法制定のため、憲法制定議会（フランクフルト議会）が開催された場所なんです。聖パウロ教会がその場所です。そして、その憲法制定のために中心的な役割を果たしたのが、池田さんがご専門のグリム兄弟なんです。

ここは、池田さんのお話を伺うしかないでしょう。フランクフルトに向かうバスのなかで、ちょっと窮屈かもしれませんが、どうぞお願いします。

講演

池田香代子

●マルクスとヤーコプ・グリムと

わたしがこのツアーに参加したいと思ったのは、マルクスが新聞記者としていろいろ書き残している四八年革命のなかで生まれたフランクフルト憲法の作成に、グリム兄弟の兄のヤーコプ・グリムが大きな役割を果たしたからです。わたしは、グリム童話の翻訳をはじめ、グリムメルヒェンのことを勉強しているのですが、グリムは、ただ童話集をつくった人ではありません。そういう話をしたいと思って参加しました。

昨日のヘレスさんの話ですが、わたしはマルクスのことをあまり知らないので、よく分からないところもあったのですが、ヘレスさんがことあるごとに「わたしは歴史家なので」とか「歴史家として」とおっしゃっていたのが、たいへん印象的でした。さきほどから石川先生や内田先生がおっしゃっているように、マルクスは自分の思想で現実を動かしたかった、思想を現実に落とし込みたかったわけですよね。実際に、『共産党宣言』を書いた直後に革命が起こったりして、マルクスが考えていた道筋が一面合っていたかもしれないけれど、現実に落とし込まれた時、実際の状況はとっても複雑だったりして、必ずしも思い通りにならなかったと思うのです。ところが、マルクスの考え方のなかで応用の利く部分といいますか、なにかの断片だけが生きてきた。そういう実験が一段落して、これからわたしたちの世界がどうなるかというういまこの時、マルクスを振り返ってマルクスを彼が生きた歴史の流れのなかで見るという発想はわたしにとって新鮮だし、たいへん興味深いものでした。そういうヘレス先生の考え方は、内田先生と石川先生の考え方にとっても親和的なので、こういう先生をよくフィーチャーしてくださったと思います。あらためて感謝したいと思います。

●かすっただけで終わったマルクス

くり返しになりますが、わたしはマルクスについて何にも知りません。『共産党宣言』と『ルイ・ボナパルトのブリュメール十八日』と『資本論』第一巻しか読んだことがありません。なのにかつて、マルクスの『資本論』第一巻をわたしが訳すかもしれないという、信じられないようなことが起きかけました。

筑摩書房からマルクス・コレクションという七巻の選集が出ています。それを企画したのは、三島憲一さんと今村仁司さんですが、二〇〇〇年頃、三島さんからその一冊、『資本論』第一巻を三人で共訳しないかと言われたのです。お二人は、わたしがマルクスのマの字も知らないことをご存じなのに声をかけてくださったのですが、わたしはさっきの三冊しか読んでいないし、それすら全然覚えていないと申し上げたら、「それでいいんだ、オレたちが教えてやるから」と言ってくださったのです。わたしが訳した『ソフィーの世界』という、ヨーロッパ哲学史のファンタジーがありますが、その翻訳がお眼鏡にかなったらしく、「あのくらいにリーダブルなマルクスの本をつくりたい」とおっしゃるのです。それを聞いて、アカデミズムの方々というのはすごい、と尊敬の念を新たにしました。そして、とても悩みました。こんな、当代一流の思想研究者に親しく教えていただける機会を逃したら、わたしがマルクスをちゃんと勉強できる機会は、二度と巡ってこないだろう、と。でも、出版のスケジュールは決まっているし、わたしもいろいろ仕事を抱えているし、悩んだ挙句、やっぱりこのスケジュールとわたしの能力ではご迷惑をかけると思って、泣く泣くあきらめました。そんなわけで、マルクスのことはかすっただけで終わってしまいました。

●ハイネがつなぐマルクスとグリム

グリムの周辺人物のなかに、詩人・ジャーナリストのハインリヒ・ハイネがいます。ハイネは、マルクスとグリムをつなぐ人物でもあります。

一七九七年生まれのハイネは、政治批判や社会批判に筆をふるっていましたが、官憲に睨まれ、ユダヤ系でもあったことから、だんだんドイツでは活動がしづらくなって、一八三一年にパリに亡命しました。一八三五年には、ドイツで著作を出版することすら禁じられます。「本を焼く者はいずれ人間を焼く」とはハイネの言葉ですが、百年後、ナチスドイツによってこれが現実になったことは、みなさんご存じの通りです。

「ライン新聞」廃刊後の四三年、マルクスはパリに亡命してきますが、そこでハイネと出会います。ハイネは、マルクスとアーノルド・ルーゲという人が創刊した「独仏年誌」に寄稿することになります。マルクスは、ギムナジウムに通っていたころからハイネに憧れていました。それで、ユダヤ系亡命者同士としてパリで会えたのを幸い、寄稿してもらったのです。

一方、ハイネはグリムを熱心に読んでいて、グリム兄弟を尊敬していました。グリム兄弟はカッセルという町に住んでいたのですが、ハイネは三〇歳の時、会いに行っています。ハイネは、とくにヤーコプ・グリムの『ドイツ神話学』を愛読していました。それを読み込んで、ある作品を書きました。それが、『流刑の神々』（小沢俊男訳『流刑の神々・

精霊物語』、岩波文庫）です。

ヤーコプ・グリムは、古代の神話がだんだん信仰を失って、断片化したものがメルヒェンのなかに生きている、と考えました。現代の研究や考え方からは、一概にそうとも言えないのですが、そういう観点から書かれたのが『ドイツ神話学』です。ハイネの『流刑の神々』は、例えばギリシャ神話にカロンの渡し舟というのがありますが、あの世とこの世を隔てる冥府の河、アケロンの渡し守カロンが、現在はライン河の――さっきわたしたちはフェリーで渡りましたが――渡し船の船頭さんをやっているとか、ギリシャ神話の神様たちがいまは零落して、ハイネと同時代のドイツ社会の片隅にひっそりと生きている、という作品です。なにか思い出した歌がありませんか？　そう、中島みゆきの「地上の星」と趣向が似通っていませんか？　中島みゆきがハイネを読んでいたのかどうかは知りませんが。

●フランクフルト議会に対する叱咤叱咤叱咤激励

グリム兄弟とは、ヤーコプと弟のヴィルヘルムの二人です。兄が一七八五年生まれ、ヴィルヘルムが八六年生まれ。年齢関係を見ると、ハイネが九七年生まれなので、グリムたちより一一、二歳年下になります。マルクスはハイネより二一歳年下で、パリでマルクスとハイネが意気投合した時、マルクスは二五歳でハイネは四六歳でした。

後年、ドイツ一八四八年革命のなかでフランクフルト国民議会が設置され、統一ドイツのための憲法を審議することになります。マルクスは亡命先のパリからケルンに戻ってきて、「新ライン新聞」を創刊します。このフランクフルト国民議会と憲法作成においてグリムがどんな役割を果たしたのかが、いまからお話しすることの中心です。マルクスが三〇歳、グリムたちは六〇歳の頃です。マルクスがこの国民議会と憲法をどう見ていたかというと、みなさんをがっかりさせるかもしれません。マルクスとエンゲルスは、「新ライン新聞」にフランクフルト国民議会に関する記事をたくさん書いています。この旅に出る前に松竹さんが、参加するならこれを読んだらどうでしょうかと、『マルクス・エンゲルス全集』を三巻も送ってくださいました。関連する部分を読みましたが、フランクフルト国民議会と憲法に対しては、散々という感じです。ちゃんとした憲法を制定しろとか、ブルジョア革命をちゃんと完遂しろとか、全体に、「ブルジョア革命もできないのか、その次にわたしたちの真打ちの革命が控えているのに、このへたれ！」みたいな感じなのです。叱咤激励と言えば聞こえがいいのですが、わたしの受けたイメージは、叱咤叱咤叱咤激励というくらいの罵詈雑言でした。

●一〇〇〇マルク札に使われたグリムの肖像

それはさておき、フランクフルト国民議会におけるグリム兄弟、特にヤーコプ・グリムの役割についてお話しします。グリムというと、みなさんがイメージするのは、「赤ずきん」などのメルヒェンでしかないと思います。しかし、この二人は、一言でいえば、当時の自由主義的市民的良識を代表する人々であったのです。のちの近代ドイツ国民国家を象徴するような人物です。ですから、なぜヤーコプ・グリムがフランクフルト国民議会に深く関わっていったのか、その話を早口でやりたいと思います。

今から、このバスのなかで、ユーロに切り替わる前のドイツマルク紙幣を回します。最高額紙幣の一〇〇〇マルク紙幣ですが、グリム兄弟の肖像画が使われています。当時、一マルクが七〇円くらいでしたから、七万円札というわけです。グリム兄弟とは、ドイツでこのような評価を受ける人たちなのです。

彼らはどんな時代を生きたでしょうか。二人はカッセルで、裁判官の子どもとして生まれ、育ちます。ヤーコプが幼少時代を回想しているエッセイがあって、それが大変興味深いのです。「ルター派の人々はよそよそしい感じがした。カトリックの人たちとは、口をきいてはいけないと思っていた」というようなことを書いています。あれは何派だというのは、身分制の社会でしたから、服装で分かるのです。グリム家はカルヴァン派に属していました。国民国家が設立される前は、教会ごとの共同体といいますか、宗派ごとの共同体の結束力が、どの国家に属しているとか、なんとか公国の臣民だとかいうことよりも、ずっと強かったのです。同時に、子どもの頃、われらがヘッセン公国の王様がドイツで一番立派な王様なんだと思っていた、というようなことも書いています。これがグリム兄弟の、子ども時代の心象風景でした。

兄弟のもの心がつく頃、一七八九年には隣のフランスで革命がはじまりました。そして大学を相次いで後にするのですが、その頃、ヘッセン公国はフランスの傀儡《かいらい》国家になっていました。ナポレオンの弟のジェロームという人が王様としてやってきたのです。だから就職先がない。しょうがないので、ジェローム王の図書館の秘書などをして食いつなぎ、そのかたわらメルヒェン集の仕事をしています。

壮年期は、今回取り上げる時期ですが、一言でいえば、封建的な反動勢力との闘いに、特にヤーコプが踏み出す時期です。このことは後で詳しく述べます。そして晩年、二人はベルリン大学の教授をしていたのですが、おせじにも自由主義的とはいえないプロイセンが中心となって近代国家ドイツが形をなしていくなかで、生涯を閉じます。

●来るべきドイツを先取りするために

まずメルヒェンのことを言っておきましょう。従来、グリム兄弟がメルヒェンを集めた理由について、こういう言い方がなされてきました。フランスという外国に占領されてもドイツという国はあるのだ、ドイツは不滅だ、そういうことを示すためにメルヒェン集を出したのだ、と。

しかし、これはおかしいのです。というのは、当時統一されたドイツというものは存在しておらず、プロイセンだとかバイエルンだとか、多くの領邦に分かれていました。そして、分かれてバラバラなので、国民国家をいち早く打ち立てたフランスに負けてしまうのだという考え方が広く共有されていました。ドイツもフランスみたいに統一した近代国民国家をつくらないといけない、と言われていました。フィヒテの『ドイツ国民に告ぐ』は、書名ぐらいはお聞きになったことがあるでしょう。ナポレオン占領下のベルリンで行なわれたこの講演に見られるように、当時の知識人たちは、今はまだないドイツという国とその国民を、一日も早く現実のものにしなければならない、と考えていました。グリム兄弟は、そういうなかでメルヒェンを集めたのであって、その目的はドイツが不滅だと示すことではなく、来るべきドイツという共同体の人々はこういう伝承話をしている人なのだと示すこと、近代国民国家ドイツをメルヒェンのアンソロジーのなかで先取することだったと思います。

この頃にはメルヒェン集だけでなく、民謡の収集もなされました。こちらのほうが一足早く大部のアンソロジーになっています。後世、マーラーなどが曲をつけたので、音楽好きの方はご存じでしょうが、『少年の魔法の角笛』という民謡集です。なぜ民謡とか民話が収集されたのかというと、ドイツを統一しようといっても、地続きのヨーロッパでは、どこからどこまでがドイツなのか、誰がドイツ人なのか、そもそもそういうことがおいそれとは定義づけできないのです。

そういうなかで台頭してきたのが、言語ナショナリズムという考え方です。グリムたちはそういう考え方のもとで研究してきました。どういうことかご説明します。北ドイツと南ドイツではかなり言葉が違います。わたしが留学した時、最初にボン大学でドイツ語コースに入って、それから南ドイツのほうの大学に移ったのですが、移った当初、わたしのドイツ語はまったく通じませんでした。昔はもっと通じなかったと思います。けれども、と、言語ナショナリズムは考えます。それらは昔むかし、もとはひとつのドイツ語だったのではないか。原ドイツ語があって、そこから枝分かれしたのが、現在の地域によりさまざまに異なるドイツ語なのではないか、そういう発想のもとで言語史の研究がはじまります。グリムたち、特に兄のほうは言語史の研究をしました。そのなかで発見された子音の歴史的変遷は、「グリムの法則」と呼ばれますが、これは学者たちによって洗練されながら今でも通用しています。

●ゲルマンとは何かを明らかにする一環として

グリムたちは、法学部なので法制史の勉強もしています。法制史といってもローマ法――ローマでできた民法とか刑法とか体系的につくられている法律体系で、ヨーロッパで通用していました――ではなく、部族の慣習法の研究です。北欧などの英雄叙事詩、エッダとかサーガなどの研究もしています。さらには、民俗学も、この頃にグリムなどが中心になって始まった学問です。

言語ナショナリズムにおいては、ドイツ語を話す人がドイツ人だ、という考え方をします。つまり書き言葉ではありません。話し言葉なのです。民衆の話し言葉を共同体の正統性の根拠とするわけです。民衆の話し言葉の文化的な成果は、民謡や民話や伝説、そしてことわざなどです。だから、それらを収集することが、この時代、グリムだけでなく大々的に行われることになります。さまざまな慣習法、言語史、法制史、古代文学、それから昔の文献を扱う文献学という学問も、グリムたちはしています。そして、これら全部を含んだ学問をゲルマニスティクと名付けたのです。

現在、ゲルマニスティクというと、ドイツ文学というたいへん狭い意味なのですが、グリムたちが名付けたゲルマニスティクは、まさにゲルマン学です。ゲルマンとは何か、すなわちドイツとは何かを明らかにする学問です。メルヒェン収集は、その重要な一環として位置づけられた戦略的な学問、政治的というか時代とがっぷり四つに組んだ学問の一環だったわけです。言語ナショナリズムに基づくドイツ統一ということを言っていたのはグリムたちだけでないのですが、それを二人がかりとはいえ膨大な量の研究実践によって成し遂げたという点で、この勤勉なグリム兄弟の右に出る人はいませんでした。

●ゲッティンゲン大学七教授罷免事件で

次にグリムと憲法という話をします。グリムたちは憲法と二度大きく切り結んでいます。

特に兄のヤーコプが憲法と大きく関わっています。

一回目が、二人でゲッティンゲン大学に勤めていた時に起こった事件です。この時代、ドイツのあちこちの国で憲法をつくる動きが起きてきて、憲法が制定されたところもあれば、ないままのところなど、いろいろでした。ゲッティンゲン大学のあるハノーファー王国には、グリム兄弟が就職した時、一八三三年に制定された自由主義的な憲法がありました。しかし、グリムたちが就職してまだ日が浅い頃、王様が代わったのですが、新しい王様は反動的で、ハノーファー身分制議会という議会を招集しないし、憲法も廃止すると言いだすのです。昨今どこかの国でも、野党が国会を開けと言うのに、首相が外遊するという理由にならない理由で開かなかった事件がありましたが、憲法によって国会を開かなければならない時に、開かないのは権力の暴走です。

それはさておき、この時も、まず国会を開かず、実際に憲法を停止するのです。そして、公務員になる際は憲法に宣誓していたのですが、改めて王個人に宣誓しろと言ってきたのです。これに対してゲッティンゲン大学の七人の教授が抗議します。わたしたちは憲法に宣誓して大学で教えているのであって、王個人に宣誓し直すことはできないと主張するのです。王様の答えは、そのうちの中心人物三人の即刻罷免と国外追放でしたし、それ以外の四人ものちに職を追われます。この三人のうちの一人がヤーコプ・グリムです。弟のヴィルヘルムは、あとの四人に入っていました。ヤーコプたちが追放された時、学生たちは軍隊に抑えられて手も足も出なかったけれど、それでも国境を越えていく三人の教授たちを松明行列で見送ったという話が残っています。これが、ゲッティンゲン大学七教授事件です。今でもゲッティンゲン大学には、「G」と「7」の人の丈ほどもある大きな鉄の文字が、小高い芝生の上に屹立して、立憲主義を守ろうとした教授たちを記憶にとどめています。

この時にヤーコプは、怒りを込めて自分の罷免について、短い文章を書きます。「彼の罷免について」というのがそのタイトルです。検閲の厳しかったドイツでは出版できなかったのですが、当時の検閲なんてザルでして、スイスで小冊子が出版されて、それがまたたく間にドイツに持ち込まれ、販売されます。それをエンゲルスが購入し、「抜群に素晴らしい内容だ。そしてまれに見る力に満ちている」と評しています。確かにヤーコプの文章は大変力強いのですが、とくに怒ると怖いのです。きわめて力強い文章になります。これが一八三七年、兄弟が五〇代にさしかかった頃のことです。ヤーコプ・グリムが憲法と相まみえた第一回目の事件です。

●今後のドイツを話し合う会議で議長に選出される

一八四八年革命の数年前の時期になると、市民が各地で、憲法をつくれ、議会を開け、ドイツを統一しろなど、いろんな要求を出すようになります。実際にあちこちで憲法がつくられ、また軍隊との小競り合いも各地で起こっていました。世情は騒然とします。学者をはじめ、当時のオピニオンリーダーたちがこれをリードしていたわけですが、これからのドイツをどうしていくかを話し合うため、集まろうではないか、ということになりました。それが一八四六年、革命の二年前です。

この時の会議は、フランクフルトで開かれました。会議の名前はゲルマニストの集会ということで、ゲルマニスト会議と付けられました。ゲルマン学という学問をつくり、それにゲルマニスティクという名前を付けたのがグリムたちですから、ここに出ていかないわけがありません。これからわたしたちが行く聖パウロ教会ではなく、古い市庁舎、レーマーと呼ばれますが、そこで開かれて、約二〇〇人の大学教授や作家、資本家などが集まりました。ヤーコプは議長に選ばれました。ドイツのことですから、それぞれに意見を言わせたら百家争鳴なのですが、その彼らがヤーコプ・グリムならと議長に選んだのです。このゲルマニスト会議は、統一された近代ドイツ国民国家をつくるための準備会議です。雑誌の刊行に当たって、創刊前に創刊ゼロ号というのを出すことがありますが、ヤーコプ・グリムは、まだない近代国民国家ドイツの第ゼロ代大統領と言ってもいいような人なのです。

●ドイツ語辞典という壮大な事業の遂行

弟のヴィルヘルムも出席しています。この時、二人はベルリン大学の教授でしたが、ドイツ語辞典を編纂していました。この辞典というのはすごいもので、ルターの時代から当時までの各時代の第一級の文章のなかで、ある言葉がどのように使われていたかという歴史的引用集なのです。辞典と言いながら、言葉の意味や定義は書いていないのです。使われ方の歴史をたどることによって、その言葉の奥行きを深めた意味が分かるという壮大なものです。この辞典は一八三八年に着手され、一二三年かけて、全三二巻が一九六一年に完成しました。グリムたちはFの項目までしかたどり着いていません。第二次世界大戦後、ドイツが東西に分かれていた間にも、この辞典の編纂事業は進められました。西ベルリンと東ベルリンに辞典編纂所があって、そこだけは冷戦の間も連絡を取りながら、仕事をしていました。Zまで行った今は何をしているかと言えば、Aから見直しを行っています。

フランクフルトのゲルマニスト会議で、ヴィルヘルムはこのドイツ語辞典の話をしました。それによると、「スイスの山奥からバルト海地方まで、ライン河からオーデル河まで」に広がる協力者とともにドイツ語を収集する、と言っています。グリムたちが構想していた来るべきドイツの姿は、言語ナショナリズムによる以上、オーストリア、スイスの一部も含めた大ドイツ主義となるのは必然でした。ドイツ語を話す人が暮らすところがドイツなわけですから。これは明解なようでいて、じつは机上の空論のアイデアという感じがします。例えば、ドイツ語とも親近性のあるイデッシュ語を話すユダヤ人の居住地が東ヨーロッパには点在しているのですが、兄弟はそういうものは眼中になかったようで、何をドイツ語と言うのか、じつはとってもあいまいで恣意的なのです。しかしグリム兄弟は、言語ナショナリズム以上の統一ドイツの合理的な根拠はない、と考えたのです。

その翌年、四七年にもゲルマニスト会議が、リューベックで開かれます。ヤーコプがやはり議長になりました。

●男子のみだが普通選挙で選ばれた議会

そして、四八年、四九年のフランクフルト議会の開会に繋がっていくのです。聖パウロ教会で開かれたこの議会では、ヤーコプの席は特別に設けられました。議長席の真ん前、第一列にたった一人、ヤーコプが座りました。つまり、二回にわたったゲルマニスト会議の議長であったということへの敬意を表すとともに、ここが中立の位置だというのを示すために、ヤーコプ・グリムがそこに座ることになったのです。このフランクフルト議会には、男子のみの普通選挙によって、人口五万人に一人ということで議員が選ばれてきました。急進派から王党派まで、いくつもの派閥があったのですが、それぞれの派閥は、会議をするのにビヤホールなどを使ったので、派閥には店の名前がついていました。えっ！　聖パウロ教会に着いてしまったのですか？　バスを降りるのですか？　まだ話は終わっていないのですけど。

旅ガイド
（3月25日続）

困りましたね。お話を聞き終わってから、フランクフルト憲法制定議会が開かれた聖パウロ教会を訪

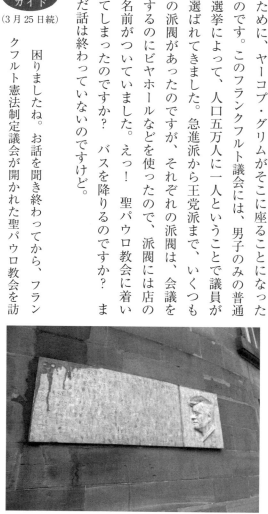

ねる予定だったのに。でも仕方がありません。お話の続きは夜にでも伺うことにして、とにかく教会へ。

へえ、入り口にアメリカのケネディ大統領の言葉があります（前ページ写真）。「ドイツの民主主義、ここに生まれる」ですって。どういう意味でしょうか。

中に入って、議会が開かれた部屋に来ました。そうしたら、この部屋って、大声を上げなければ、誰かが演壇でお話しするのを、みんなが座って聞けるらしいんです。ラッキー！　議員になったつもりで、池田さんのお話の続きを伺いましょう。

ちょっとゾクゾクしています。先ほど申しましたように、ヤーコプ・グリムには特別な席が設けられました。議長席の真ん前の一列目の真ん中。わたしは今、そこに自分のバッグを置いて、議長席を背に、一六八年前にヤーコプがいた空間に向かって、その後ろにお座りのみなさんに話しかけています。

さて、マルクスが、「新ライン新聞」でくそみそに言ったフランクフルト憲法ですが、自由についての条項が冒頭におかれていますので、それを読みます。ちょっと涙目になってしまうのですけれども。

●フランクフルト憲法の自由の条項

第一条　すべてのドイツ国民は同じ権利を有し、住居の自由、国外移住の自由、職業選択の自由を有する。

第二条　すべての国民は法の前に平等である。貴族の特権は廃止する。

（これってすごいですね。自由主義的な…。これではプロイセン国王は拒否しますよね）

第三条　ドイツ国民に恣意的な逮捕や令状なしの家宅捜査、差し押さえをしてはならない。戦時国際法及び反乱においてのみ死刑は執行される。

（つまり平時における死刑は廃止するということです）

第四条　報道は自由であり、検閲はこれを認めない。

（マルクスにしろ、グリムにしろ、ハイネにしろ、この時代の人々は王様の恣意的な検閲に苦しめられていました）

第五条　思想・信仰・信心は自由である。

第六条　学問の自由は保障されなければならない。

第七条　集会・結社の自由は保障されなければならない。教育を受ける権利を妨げてはならない。
第八条　私有財産は保護されなければならない。奴隷身分は廃止されるべきである。
第九条　裁判はいかなる権力からも中立である。
（この第九条は、近代を迎えて行政と司法が分離されたことを謳う、非常に重要な項目です）

●憲法第一条に政治亡命者の受け入れを提案したグリム（兄）

お聞きのように、非常に自由主義的な憲法です。さらにじつはヤーコプ・グリムは、第一条をこのようにすべきだとの提案をしました。

「すべてのドイツ人は自由であり、ドイツの大地はいかなる隷属も許容しない。ドイツに留まる自由でない外国人をドイツは自由にする」

ヤーコプ・グリムの自由についての思想が、短い文章に凝縮されていると思います。「ドイツに留まる自由でない外国人をドイツは自由にする」、これはフランクフルト議会では僅差で却下されたのですが、その精神が現行のドイツ基本法によみがえっているのです。第一六a条の「庇護権」というのがそれで、第一項は「政治的に迫害されている者は、庇護権を有する」というのです。これは、わたしたちの国の憲法九条と同じような意味を持つものと言えます。つまり、ナチス時代、近隣諸国に甚大な被害を与え、おびただしい人々を亡命者や難民にしてしまった償いとして、すべての政治的亡命者をドイツは受け入れるのだ、という宣言です。その宣言によって今、ドイツはシリアなどの難民問題に取り組んでいますが、メルケル首相は、保守主義者として、なんとしても憲法のこの精神を守ろうとして、支持を失う傾向にあります。憲法は年五〇万人、今年はもしかしたら一〇〇万人というような急激で大量の難民受け入れは想定していなかった、という議論が起こっているのです。メルケル首相は、他のＥＵ諸国に難民をもっと受け入れてほしいと要請して反発を食らうなど、内政だけでなく外交でも苦労しています。

政治的亡命者の保護をヤーコプが憲法の第一条に入れようとした理由は、一番最初にお話ししたことに戻ります。グリム家はカルヴァン派だったという話です。兄弟のお父さんは公務員でしたが、そのおじいさん、ひいおじいさんは、カルヴァン派の牧師さんでした。そして例えば、カッセルでグリムたちが住んでいたのは、フランス人街と呼ばれる一角で、ご近所は、当時より一〇〇年ほど前に迫害されてフランスからドイツに移ってきたユグノーという、カルヴァン派の人々でした。グリム兄弟は、幼い頃から、苦労して亡命してきた人々の末裔と親しく接し、彼らへのシンパシーを人一倍育んでいたのだろうと思います。つまり、政治的亡命者であるカルヴァン派のなかで育ったグリムたちとしては、ドイツは政治的亡命者を受け入れる国でなければならないということは、新しいドイツとその自由を考えるにあたって欠かせなかったのです。それが今の難民問題まで、ずっとドイツ人の課題として続いているわけです。

●なぜグリム兄弟はメルヒェンを書き換えたのか

またもやグリムのメルヒェンの話に飛びますが、ずいぶん前、『本当は怖いグリム童話』という本がはやりました。それ以来、グリム童話にはもとになった伝統的な話があって、わたしたちが知っているグリム童話はそれとはちょっと違うのだ、という認識が広まっています。

でもわたしは、あながちもとの話のほうが怖いとは思いません。手を入れたグリム童話の方が怖くなっていることもあるし、そうではないものもあります。とにかく、グリムがメルヒェンを書き換えたということは、広く知られるようになりました。その書き換えを、八〇年代の主にアメリカの研究者たちが、フェミニズムの立場からすごく叩いたのです。

女をこんなふうに悪者にしてとか、男をこんなふうに甘やかしてとか、そういう本がたくさん出ました。当時、わたしは、そんなにグリムの童話が嫌いだったら、もっと好きなことの研究をすればいいのにと思ったものです。

けれど当時、なぜグリム兄弟はメルヒェンを書き換えたのか、という問いを立てる人はいませんでした。それで、わたしは書き換えの動機はなんだったのだろうと考えた時に、このカルヴァン派の伝統に行き当たりました。グリムは、新しい言語ナショナリズムにもとづく近代国民国家ドイツの青写真として、あのメルヒェン集を提示しました。その上で、これが新しいドイツ国民の教育の書になってほしいと、第二版の前書きに書いています。つまり、こういうメルヒェンを話してきた人々をドイツ人と認定しよう、そして新しいドイツ人はこれらの話に兄弟が新たに込めた教訓に沿って生きていくべきなのだ、ということです。

●資本主義との親和性のある心情を準備した

前近代のお話は、けっこうウソをつくことを奨励したり、怠けることを賞賛したりします。日本でも、わらしべ長者などがそうです。労働がきびしいと、怠けることへのあこがれが生まれてくるわけで、それがお話のなかに語り込められ、それを聞くことが娯楽になったりするのです。

でもそれでは、グリムたちが考えた近代国民国家ドイツの国民としてまずいのです。近代は資本主義によって下支えされます。そこでは、手から口の生活ではなく、よけいに働いてお金を貯めて、それを元手に事業を始めます。前近代は、聖書にあるように「明日のことは思いわずらうな」で、手から口のその日暮らしがふつうでした。そんな前近代の心情に代わって、グリムたちがメルヒェンに語り込めたいと思ったのが、カルヴァン派の教えでした。カルヴァン派の教えはきびしくて、誰が最後の審判で救われるかは決まっているのですが、それは神にしか分からないという立場です。だから、わたしたちはこの世で任された仕事を一生懸命やるしかないんだという、大変勤勉な教えなのです。そこでは勤勉こそが美徳となり、働くことそのものが目的となります。

グリム兄弟によって、実際にメルヒェンはどう変わったでしょう。例えば白雪姫ですが、最初のお話では、小人さんの家に置いてもらうには、ご飯をつくるだけでいい、と言われたことになっています。ところがグリム・バージョンになると、「ご飯をつくって、寝床をしつらえて、洗濯をして、縫い物や編み物をして、どこもかしこもきれいにきちんとし」

ておけば置いてあげるというふうに、ものすごく働かなければならなくなっているのです。

こういう考え方は、マックス・ウェーバーの『プロテスタンティズムの倫理と資本主義の精神』にぴったりです。ウェーバーの本は、グリムのメルヒェン最後の版である第七版の七〇年後に出たものですが、カルヴァン主義の一生懸命に働くという精神が浸透し、資本主義がかたちづくられていく社会を分析しています。近代国民国家ドイツを言語ナショナリズムというイデオロギーから提示するだけでなく、資本主義と親和性の高い心情をも準備するという、あとから見ると、グリムたちがやったことは歴史の流れのなかで大正解だったわけです。

●フランス由来の人たちから話を聞いて

ところで、よく信じられているように、グリム兄弟は若い頃、村々を回って語り部たちに話を聞いたのではありません。ちょっと考えてみてください。みなさんも、そういう話を集めようとしたら、まず友人とか家族とか、身近なところから聞くのではないでしょうか。思い出してください、ヤーコプは、「ルター派の人々はよそよそしい感じがした。カトリックの人たちとは、口をきいてはいけないと思っていた」のです。

じつは、フランス由来の人たちで、家にはペローの昔話の本があるような、家のなかではまだフランス語をしゃべっていたような人たちが、グリム家と同じカルヴァン派として周りに住み、同じ教会に通っているのです。グリム兄弟は、そういう人々と家族ぐるみのおつきあいをしていて、彼らからいろいろな話を聞いたのでした。

●王様がいない状態をグリムは想像できない

それにしても、なぜマルクスがあんなにフランクフルト憲法を評価しなかったのでしょうか。マルクスの気持ちも分からないことはありません。フランクフルト憲法は、自由について は行き届いた条文を持っていますけれども、立憲君主制の憲法なのです。グリムも立憲君主制を支持しているのです。ゲッティンゲン大学七教授事件のように、グリムは馬鹿な王様にひどい目にあっているのに、国に王様がいないという状態を想像ができない感じなのです。なぜ王様がいないといけないのかということを、ヤーコプ・グリムは書いているのですが、どれを読んでも、私にはピンと来ません。

ただ、グリムだけではありませんが、少なくない人にとって、フランス革命の記憶が、恐怖の記憶として植え付けられているということはあると思います。それで、自由主義的な考えの持ち主なのに、王様をいただく立憲君主主義にとどまってしまう。これでは、マルクスが良く言うわけはないのですね。しかも、その立憲君主制のフランクフルト憲法をプロイセンのヴィルヘルム二世に提示して、新しいドイツの皇帝になってもらいたいと頼んだら、自由主義者がつくった憲法なんかに乗っかるものかと蹴飛ばされたので、この憲法は日の目を見ませんでした。

けれども、優れた思想は、いったん産み落とされると死ぬことはありません。地下水脈のように歴史を伴走していきます。この場合はワイマール憲法の自由条項としてよみがえることになります。このフランクフルト議会が開かれたこの聖パウロ教会に、「ドイツの民主主義、ここに生まれる」というプレートが設置されているのは、そういう理由です。

●社会の考え方の枠組みが変わって

言語ナショナリズムというイデオロギーによって、近代国民国家としてのドイツの青写真を描き、さらに、国民国家の誕生とともに始まる新しい時代に勢いづくことになる資本主義の担い手にふさわしい心性を、カルヴァン派の教義から引用してメルヒェンに語り込め、幼い読者を教化することで近代国家ドイツの国民を育てた――グリム兄弟が近代ドイツの歴史のなかでなしとげたことは、こんなふうにまとめることができるでしょう。つまり、グリム兄弟は近代ドイツの国民国家と国民をつくる事業に力を尽くした知識人に数えられるのです。

国民国家同士が競いあい、前近代とは打って変わって勤勉になった国民が経済活動に邁進したことで、近代は大きく発展しました。それは、歴史の必然でもあったでしょう。けれど、輝かしい近代は輝かしい分、その影も濃かったのです。早い時期からその影に注視していた一群の人びとの中にマルクスやエンゲルスがいて、一八四八年にグリムたちとフランクフルトですれ違い、それぞれが異なる意味でほろ苦い敗北を味わって、またそれぞれの道へと別れていったわけです。

それから一七〇年近く、今わたしたちはどんな歴史のステージに立っているでしょう。特筆すべきは、ドイツで勤勉の意味合いが変わったことです。思い出してください。カルヴァン派の勤勉には目的がありませんでした。何時間でも孜々として仕事に励むことそれ自体が目的でした。それが資本主義を発展させると、世俗化された領域が広がり、カルヴァン派的な自己目的的勤勉は宗教イデオロギーとしての強度を失います。なぜあんなにあくせく働いてきたのか、突然わけがわからなくなる。社会が共有する規範の基底が変わってしまったのです。働くのは、たとえば個人が自己実現をするため、幸せになるため、と人びとは新たに考え直します。二〇一四年のドイツ人の年間労働時間は一三七一時間、日本人の一七二九時間より三五八時間も短い。それでいて生産性は日本の一・三倍、ドイツ人はとてもよく働いているのです。

片や日本では、勤勉は美徳だから美徳なのだ、という段階で足踏みして、だらだらと長時間働くことをよしとしてはいないでしょうか。勤勉を支えているのが宗教イデオロギーではないために、それが社会の世俗化につれて揮発するという機序が働かないのです。ドイツで働くことの意味が変わるうえでは、もちろん、マルクスを始めとする労働運動の思想が大きく影響しているでしょう。今ではグリムの勤勉の価値観に、ドイツ人は距離を置いていると思います。日本は、グリムもマルクスも輸入して、明治以降の歴史を歩んできましたが、このへんでグリムをもまた歴史の中で問い直し、受け継ぐべきものと歴史の流れに返上するものを仕分けることが必要なところにさしかかっていると思います。

旅ガイド
（3月25日続）

なんだか、グリムが池田さんに乗り移って、採択されたばかりの新憲法を読み上げているみたいでしたね。不思議な感覚でした。

それにしても、マルクスはなぜ、フランクフルト憲法をそんなに強く批判したんでしょうか。共和制をめざさず、君主制を残すものだったというのがもっとも大きな理由でしょうが、当時のマルクスの心理状態も考える必要がありそうです。

◇◇◇◇◇◇◇◇◇◇◇◇◇◇◇

「ライン新聞」に就職した当時のマルクスは、すでに紹介したことですが、まだ共産主義者ではありませんでした。パリとブリュッセルに移り住んで以降、急速に共産主義に接近するのです。そのマルクスが明確に共産主義の立場を表明したのが『共産党宣言』でした。

『共産党宣言』って、出版されたのは四八年初めです。そうなんです。三月革命の直前なんです。マルクスはこの本で、議会のない国がほとんどですから、選挙に頼ることなく「プロレタリアートがブルジョアジーを暴力的に打倒して自分の支配をうちたてる」ことを打ちだします。

ところが三月革命では、そのマルクスの想定外のことが起きます。選挙が大きな役割を果たすのです。運動の進展のなかで、「ライン新聞」のところで出てきたブルジョアジーのカンプハウゼンが、プロイセン国王に対して憲法の制定や検閲の廃止などを求め、国王がそれを約束し、カンプハウゼン内閣が成立することになります。そして、カンプハウゼン内閣のもとで、男子だけとはいえすぐに普通選挙権が導入され、四月に選挙があり、五月から憲法制定議会が開かれるのです。平行して、池田さんのお話にあったように、ドイツの統一と統一ドイツの憲法制定を目的に国民議会を開くことになり、各地で男子の普通選挙権にもとづく選挙が行われ（実際には領邦ごとの選挙だったので、納税額での差別などがあった場合もあるとされる）、フランクフルト議会が開かれることになります。

◇◇◇◇◇◇◇◇◇◇◇◇◇◇◇◇

マルクスは、三月末に帰国を決意し、「ドイツにおける共産党の要求」を発表します。『共産党宣言』の直後とはいえ、さすがにこの革命で共産主義社会をつくることができるとは思わなかったのでしょう。この「要求」のトップは、全ドイツに「共和国」をつくることでした。二つ目が、男女ともの普通選挙権の実現でした。

四月はじめにケルンに着いたマルクスは、すぐに活動を開始しますが、目の前で行われている想定外の議会選挙には、十分に対応できません。活動の軸となる「新ライン新聞」を創刊できたのは六月になってからです。つまり、男子の普通選挙で議会が選ばれ、憲法草案の審議が開始されたのちに、ようやく「新ライン新聞」でドイツの人々に主張を伝えることができたということです。

ところが、プロイセン議会もフランクフルト議会も、ドイツを「共和国」とするための憲法には関心がありません。さすがに以前のような絶対王政を残すような考えは優勢になりませんが、立憲君主制にとどめようとするわけです。マルクスが共産主義の目標を棚上げし、現実を重視して「共和国」で妥協しようとしたのに、議会はその程度のこともできないというわけです。

◇◇◇◇◇◇◇◇◇◇◇◇◇◇◇◇◇

その議会はどういう構成だったか。林健太郎さんという有名な歴史学者が、著書で分析しています。それによると、議員総数六四九人のうち、共和制をめざす左派は一三〇人に過ぎません。二割だけなんです。穏健左派に分類される人も一三〇人いましたが、これは立憲君主制という立場です。さすがに絶対王政の継続を望む最右派は四〇人程度だったそうですが、穏健右派一二〇人は統一ドイツをめざしつつも、国王権力の弱体化に反対でした。これ以外に一五〇名の無党派がいたそうです。

つまり、どんなにがんばっても共和制などは一致点にならないのです。国王の権力を弱めることだってそう簡単ではない状況であって、立憲君主制ができれば御の字という程度です。

しかも、普通選挙をやった結果、そういう議会の構成になっている。マルクスは、普通選挙があるような国なら共産主義社会は可能だが、そんな国は存在しないので実力で革命を成し遂げようとしたのに、実際に普通選挙が行われてみたら、共産主義どころか共和制すら国民が望んでいないということになったというわけです。

この年の五月になるまでは、まだ二九歳だったマルクス。確立したばかりの共産主義の理念と、目の前の現実との間の落差の大きさは、どういうふうに映ったでしょうか。この時期のマルクス、エンゲルスが書いたものを読むと、かなりいらついている様子が見えてくるようです。

◇◇◇◇◇◇◇◇◇◇◇◇◇◇◇◇◇◇

それでも、その現実のなかで生まれ変わるところは、さすがマルクスです。六月、プロイセン議会の補欠選挙がケルンで行われたのですが、マルクスは、考え方の異なる人々と「民主主義協会」をつくり、統一候補者を出すのです。第一回、第二回投票では第一位となりますが、決選投票で相手の連立候補に敗れるという結果に。しかし「新ライン新聞」は、「これらの投票は、当地における世論がどんなに大きく変わったかを示している」として、手応えを感じたことを報じています。

この結果に示されるように、プロイセンの市民は次第に「先鋭化」していたようで、カンプハウゼンが国王との妥協で立憲君主制の憲法草案を決めた時、ベルリンの労働者が決起して兵器庫を占拠するのです。このような圧力のもとで、プロイセン議会は憲法草案を否決し、カンプハウゼンは退陣を余儀なくされます。

しかし、すでに時は遅し。プロイセン国王は、意見の対立が続く議会を見て自信を回復し、まず「民主主義協会」を強引に解体します。さらには、議会をベルリンの労働者の影響から引き離すためにブランデンブルクに移し、最終的には議会の解散を宣言するのです。

議会は、そんな国王には徴税の権限はなくなったと決議し、マルクスの「新ライン新聞」もその決議を支持します。それに対して国王は一二月、強制的な徴税の命令を出し、議会の解散も命令します。マルクスとエンゲルスは、納税拒否を煽った公務執行妨害罪で法廷に立たされることにもなります（結果は無罪）。こうして議会の解散は強行されることになりました。

◇◇◇◇◇◇◇◇◇◇◇◇◇◇◇◇◇◇◇

一方のフランクフルト議会。同じ一二月に「ドイツ国民の基本法」、いわゆるフランクフルト憲法を制定します。池田さんのお話にあったように、人権分野では非常に先進的な憲法でした。一方、立憲君主制にとどまるものでした。それどころか、フランクフルト議会は、国王に楯突くようなことができませんでした。プロイセン議会が国王の徴税権限を認めない決議をした時も、それは無効だとの立場をとったのです。

議会が制定した憲法を受け入れてしまえば、議会の権限を認めることになり、事実上、立憲君主制の憲法になってしまいます。国王は、もう議会に何かを委託するようなことはせず、四九年二月、みずからプロイセン憲法を制定し、発布します（欽定憲法）。フランクフルト議会は三月、全ドイツの憲法を公布し、その憲法規定にもとづき、プロイセン国王を「ドイツ人の皇帝」とすることを決めます。しかし国王はそれを拒否することになります。

そういう局面において、マルクスらは、フランクフルト憲法には積極的な意義があるという立場をとります。プロイセン議会の解散で立憲君主制さえ遠のくもとで、フランクフルト憲法はドイツの人々の希望の星のようになったのです。

エンゲルスは、「ドイツ国憲法は、外見上もっぱら人民に由来していた点に特徴があっただけでなく、同時に、矛盾だらけであっても、やはり、全ドイツでもっとも自由主義的な憲法であった」と述べています。ドイツの各地でフランクフルト憲法を擁護する武装闘争が各地で広がり、エンゲルスもそれに加わっていくことになります（最終的に鎮圧された）。

◇◇◇◇◇◇◇◇◇◇◇◇◇◇◇◇◇◇◇

こうしてドイツで施行されたプロイセン憲法は、明治憲法のひな形になったものとして知られています。絶対主義的な統治原理を持ち、内閣制度が憲法上は明記されず、君主が議会の開会、閉会、停会の大権をもつ点で、両者はほとんど同じです。

しかし一方で、プロイセン憲法というのは、国王がみずからつくった（欽定）という形式をとりましたが、議会がつくった草案が基礎になっていたことも事実です。運用の実態はひどいものだったのですが、たとえば人権の制限は八つの条項に限り、一時的、地域的に失効できるとするものでした。闘ったなりの成果はあったんですね。

さて、理想と現実の狭間で悩んだマルクスが得たものは、亡命先のロンドンで生かされます。私たちも、みんなでイギリスに向かいましょう。

第三部
イギリス編

『資本論』誕生の地で資本主義を語る

ロンドンのマルクスのお墓で献花する左から石川、内田、池田さんら参加者

旅ガイド

（3月26日）

この日は忙しいんです。ドイツからイギリスに向かうのです。しかも、最初の目的地マンチェスターでかなりの時間を過ごしたあと、宿泊地リバプールまで足を伸ばさなければなりません（地図。最後の目的地ロンドンも表示しておきます）。

◇◇◇◇◇◇◇◇◇◇◇◇◇◇◇

一行が日本を旅立つ前日、ベルギー空港のテロ事件が起こっていました。そのためでしょうか、マンチェスター空港での審査にはかなり時間がかかりましたが、お昼前には入国。

マンチェスターを選んだ理由は明白です。エンゲルスと深いかかわりがあるからです。

エンゲルスが最初にドイツからマンチェスターにやって来たのは一八四二年。マルクスと知り合う前

です。父親が共同経営者である「エルメン・アンド・エンゲルス商会」で働くためでした。一八四四年、イギリスからドイツに帰国する途中、エンゲルスはパリに亡命していたマルクスと再会し、意気投合して一緒に活動をはじめます。そして、四八年革命が失敗に終わったあと、二人はイギリスに活動拠点を移し、エンゲルスは再びマンチェスターで「エルメン・アンド・エンゲルス商会」の仕事をすることになるのです。最終的には共同経営者の地位にまで上り詰めたそうです。ここで得た収入でマルクスを支えたことは有名ですよね。

ただし、それだけではマンチェスターを選ぶことにはならなかったでしょう。「エンゲルス記念円盤」がマンチェスター大学の学生寮の壁に掛かったりしているそうですが、エンゲルスの家や「エルメン・アンド・エンゲルス商会」が残っているわけではありませんから。

◇◇◇◇◇◇◇◇◇◇◇◇◇◇

決定的だったのが、「科学産業博物館」（写真）の存在なのです。ここに、エンゲルスが『イギリスにおける労働者階級の状態』

で、マルクスが『資本論』で克明に描いた当時の紡績機械や織機が展示されているのです（写真。左側の織機は小田順平・多久代さん提供）。紡績というと古くさいイメージがありますが、当時は産業革命を推し進めた先端産業。エンゲルスはいま紹介した本で、こう書いています。

「イギリスにおける労働者階級の歴史は、前世紀（一八世紀）の後半、すなわち蒸気機関と、綿花を加工するための機械の発明とともにはじまる。これらの発明は、周知のように、産業革命にたいして原動力をあたえたのであって、この革命は、同時に全ブルジョア社会を変革し、その世界史的意義は、いまようやく認識されはじめたばかりである」

ちなみに、私たちが普通に使っている「産業革命」という言葉も、ここでエンゲルスが使ったのが初めてだということです。マルクスらが生きていた時代に動いていたものを、そして彼らが資本主義社会を変革しなければならないと思わせたものを、どうしても肌身で感じたかったんですね。

◇◇◇◇◇◇◇◇◇◇◇◇◇◇◇◇

マルクスは『資本論』で、産業革命がもたらしたことを次のように書いています。「一八世紀の最後の三分の一期に大工業が誕生して以来、なだれのように強力で無制限な突進が生じた。風習と自然、年齢と性、昼と夜とのあらゆる制限が粉砕された。古い法令では農民流に簡単だった昼と夜の概念でさえもきわめてあいまいになった」。

そうなんです。子どもは七歳になると工場で働くのが普通になり、ある工場では労働者の三七%は一八歳以下だったという統計もあります。昼夜二交代で、一日一四時間から一七時間働き、ベッドさえも二交代で使うのです。「年齢と性、昼と夜とのあらゆる制限が粉砕された」って、ちょっと想像できません。

しかし、労働者は黙っていませんでした。一八一八年、マンチェスターの労働者が一〇時間半労働（実働九時間）を要求し、議会に請願を行います。それを皮切りに、全土で集会やデモが広がっていくのです。

こうして一八三三年、繊維産業を対象として、初めて労働時間を規制する工場法が成立します。九歳未満の労働禁止、一三歳未満も週四八時間まで、一八歳未満は週六九時間に制限するというものです。運転中の機械を子どもに掃除させることも禁止されました。そういう事故が多かったということです。大事なことは、工場監督官を政府が任命し、工場法の実施を調査・監督するようにしたことです。それまでも工場法はあったそうですが、それを守らせるための体制がなかったのです。

なお、いま紹介したことを読めばすぐに理解できることですが、この工場法では、大人は労働時間規制の対象になっていません。でも、この工場法をバネにして、イギリスはもとより、ヨーロッパでもアメリカでも、どんどん労働時間短縮を求める運動が広がっていきます。一八八六年年五月一日、アメリカのシカゴの労働者が八時間労働制を要求してゼネストに踏み切りました。その三年後、エンゲルスが指導した第二インターナショナル創立大会が、この日をメーデーとして定めたのは有名な話です。

◇◇◇◇◇◇◇◇◇◇◇◇◇◇◇

さて、そんな時代を象徴するせっかくの紡績機械ですが、博物館に入り、紡績機械を前にしても、なかなか当時のイメージが湧いてきません。見たこともない機械ですから。でも偶然というのは恐ろしい（うれしい？）。旅の参加者のなかに、なんと、紡績工場の女工が通学する大阪府立隔週定時制高校で先生をしていた方が含まれていたんです。もちろん、同じ機械ではありませんが、仕組みは似ているらしく、目の前の機械がどう動いて糸を紡いでいくのか、詳しく説明してくれました。

この方が先生をしていた高度経済成長期、大阪の泉州地域だけで府立隔週定時制高校が四つもあったそうです。綿花が舞う仕事場は、耳の横で「〇〇さん」と大声を出さないと聞こえないほど機械の騒音はすさまじく、朝五時から午後二時までと、そこから夜一〇時までの二交代で仕事をしながら、午後からは学校で、通信教育も受けて卒業資格をとるそうです。

糸切れを防ぐために天井に設置した噴霧器から常時霧雨状の水分を体に受け、リウマチ様の関節痛が出てくる生徒もいました。労働基準法も守られず、文化祭で生徒たちは、労基署の監督官が来ると隠れるというような劇を演じたりしていました。二〇歳くらいで体はガタガタになり、多くは地元に帰っていきます（看護学校などに進む子もいる）。それでも毎年、学校に来る生徒を確保するため、現地請負人が中学卒業予定の女子の自宅を訪れては、前渡し金と交換で連れてくるということをくり返していたそうです。

マルクスらが一九世紀に描いたものが、二〇世紀後半の日本で残っていたんですね。

いま、そういう紡績工場はないかもしれませんが、その他の職種も含め職場環境は変わったと言えるのでしょうか。

なお、この方の夫は、紡績の次の過程、糸を織る工場の隣で生まれた人だったのです。糸が巻き付けられたドラムから引き出された二段の縦糸が交互に上下する間を、横糸を付けた杼《ひ》（シャトル）が左右にすごい早さで行き来し、それをくり返して織り込み、織られたものが布になって出てくる過程をリアルに説明していただきました。

この説明が終わる頃、博物館の学芸員が登場し、なんと紡績機械を順番に動かしてくれたんです（右ページ写真）。終了後、博物館を歩いていると、なんとエンゲルスの写真が掲げてあって、簡単な説明もありました（写真）。

いやあ、いかがでしたか？

●フェティシズムで機械をつくっている

内田：たいへん興味深かったですね。

産業革命とか機械化と言われることについて、これまで世界史の教科書などを通じて、テクノロジーが進化したり産業構造が変わったりして、世の中のつくりが変化していったものだと漠然と思っていました。けれども、博物館で機械を見たら、「違う！」という気がしました。

あの機械をつくった人たちは、明らかにフェティシズム（物神崇拝）ですよね、明らかに！　だって、つくる必要のないようなものをつくっていますから、どう考えてもそうです。異常に複雑なものを異常に大きく、異常に精密につくっていくっていうことは、どこかの段階で経済合理性とか効率性とかは無視しているということです。そして、どちらかというと、かなりエステティックというか審美的なというか、ある種の狂気を感じるようなものになっていった。

特にいくつか残っているもののうち、この方向には進化しなかったというか、進化の袋小路に入ってしまった機械が何種類かありましたけれども、そういう機械の持っている病んだ感じ、病んだ美しい感じというのが、オーブリ・ビアズリーの絵みたいな感じで、けっこう感動しました。

●産業革命は狂気渦巻く人間的な革命

内田：こういう機械を一生懸命つくった人たちって、金が儲けたかったというのではなくて、本当に、ああいうものをつくっていると寝食を忘れてしまったんだなと思います。ピカピカに磨き上げたりとか、異常に精密なネジをつくったりとか、そういう機械をつくることにある種の人間的な欲望に駆られていったのだと思います。機械と人間との間に、ある種の共犯関係があるという感じです。

一九世紀の初めにイギリスでラッダイト運動が広がったことは有名です。あれって産業革命を成し遂げた機械を労働者が破壊するわけですが、あの機械はただの機械じゃないんですよね。自分たちの仕事を奪って単に合理化してしまったようなメカニズムだから破壊したというものではなくて、ぼくらが見たあの機械のなかには何かが入っていますよね、悪い物、邪悪な物が。さっき写真を撮りましたけれども、非常に凶悪な顔をした機械がありまして、あれに対してある人が実存的な憎しみを感じたというのがすごく分かりました。

こんな短期間に蒸気機関からあのような精密な機械が発展して、それがさまざまな人間を食い尽くしていく、児童労働とか女性の労働とか本当に人間の命を食いつぶしてまでも金がほしいのかと思っていた。もちろん、そうやって金がほしいという動機もあるんだろうけれども、機械が動くのを二四時間止められないというのは、狂気が生み出したものだという気がしました。凄まじい狂気が渦巻いていました。産業革命というのは、ものすごく人間的な革命だということがわかりました。この企画、とても感謝しております。ありがとうございました。

●動かすのも大変なほど大きな機械をつくる

石川：内田先生が言われた狂気の問題にかかわるのですが、現物があったら面白かったろうにと思ったのは、ナスミスのスチーム・ハンマーでした(左ページ写真)。紡績機械のあった大きな部屋を出てすぐ左手に、文字だけが大きく書かれていました。ぼくは、浜林正夫さんの『「資本論」を読む』(学習の友)という本で写真を見たのですが、要するに、ただただでかいハンマーなんです。それこそ技術の袋小路ですね。大きすぎて、重すぎて、動かすのもたいへんなんですから。でも、蒸気を使うことで、それまでできないことができるようになった時に、そんなものをつくってみたいという気持ちが、まるで分からないわけではありません。小さな男の子の夢みたいなものですよね。なお、ナスミスの名前について、日本ではいろいろな訳があります。次の補足に出て来るネイズミスもその一つです。

〔補足――スチーム・ハンマーをめぐって〕

「(『資本論』新日本新書版)六五三ページの終わりから四行目に、蒸気ハンマーというのがありますが、これは下《ママ》の写真に出ていますけれども、カナヅチの化物のように大きいもので、ネイズミスという人が発明しています。これもあとから出てきますが、最初のころの機械は手作りですから、当時の機械はものすごく大きいものでした」(浜林正夫『「資本論」を読む』下、学習の友社、一九九五年、六四ページ)

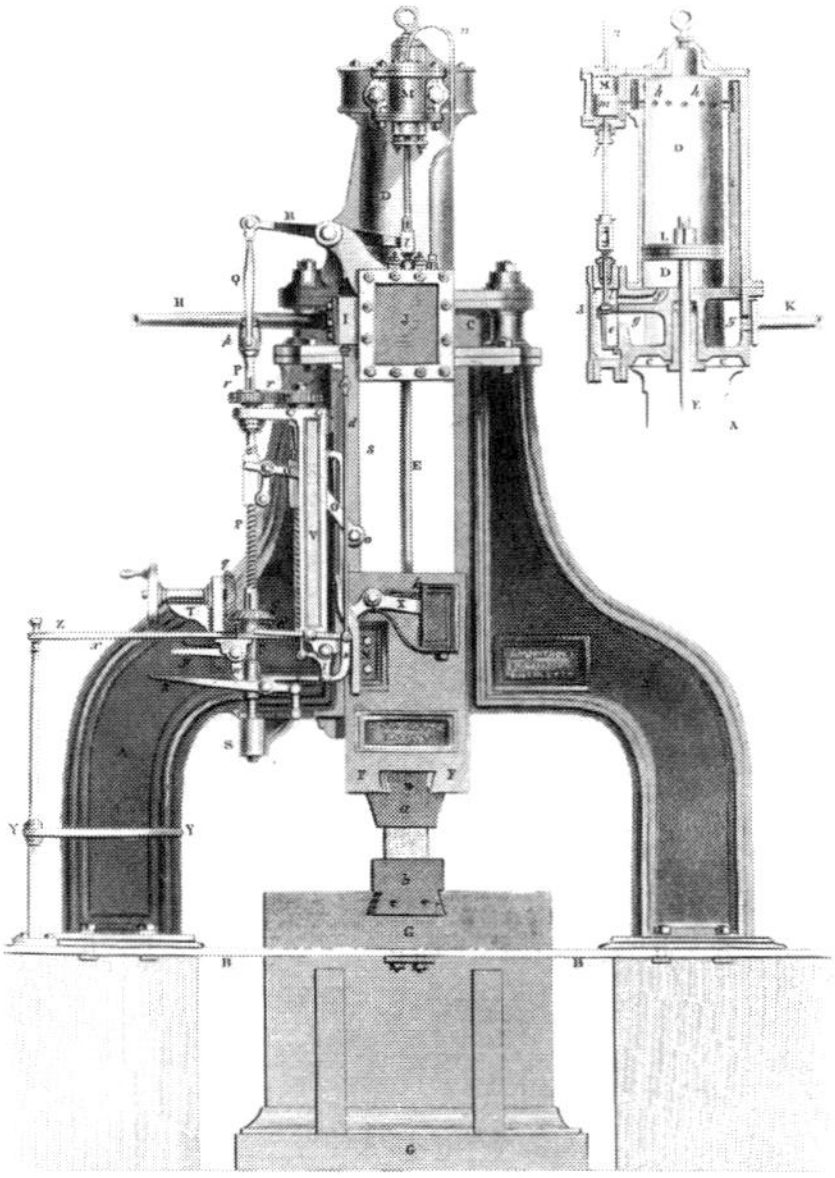

ジェームス・ナスミスの発明した蒸気ハンマーの特許図

●マルクスとエンゲルスの最初の出会い

石川：もうひとつ、エンゲルスの写真がありましたね。エンゲルスは、一八四二年にマンチェスターに来て働いたんだということが書いてありました。エンゲルスは、マンチェスターに来る前に、ケルンで「ライン新聞」の編集に携わっていたマルクスのところに寄っています。エンゲルスは父親が資本家でしたが、資本家の息子に余計な学はいらないということで、大学に進むどころか、ギムナジウムも中退させられました。その後、エンゲルスは時期を見て軍役に志願し、そのあいだにベルリン大学で聴講をします。そして、そこでマルクスという物凄いやつがいたという話に出くわします。それがきっかけで、エンゲルスは、ケルンにいた二歳年上のマルクスにあこがれの気持ちをもって、会いに行きました。しかし、その頃、マルクスは学生時代から親しくしてきた「ヘーゲル左派」と言われるグループと、政治的に袂を分かつ時期に入っており、エンゲルスもその仲間だろうと思って邪険に扱ってしまうのです。一八四二年にマンチェスターにやってきたエンゲルスは、その点ではちょっとガッカリしていたのだろうと思います。

〔補足――マルクスとの冷やかな出会い（エンゲルス）〕

「マルクスは四二年一〇月まではボンにいました。……一一月の末ごろ、イギリスへの通りすがりにふたたび（ライン新聞編集部を——石川）所用訪問したとき、私はそこでマルクスに出会いました。そのおりに私たちははじめてごく冷やかなめぐり合いをもちました。マルクスはそのころバウアー兄弟に反対の態度をとっていました。すなわち『ライン新聞』は政治上の討議や行動のためではなくて、主に神学上の宣伝、無神論等々のための伝達者になれ、ということに反対を表明し……私はバウアー兄弟と文通していましたので、私は彼らの同盟者とみなされる一方、マルクスは彼らからあやしまれていたようです」（フリードリッヒ・エンゲルスからフランツ・メーリングへの手紙、一八九五年四月末、『マルクス・エンゲルス全集』第三九巻、大月書店、四一一ページ）

●機械化で「おまえの替わりはいくらでもいる」と

石川：最後に、機械制大工業が成立したことの歴史的な意味についてです。イギリスでは、繊維産業の機械に始まり、機械をつくる機械である工作機械産業が成立するまで、およそ一七七〇年代から一八三〇年頃までのことだと思いますが、こうして機械制大工業が成立し、これが経済社会全体を大きく編成替えしていく過程を産業革命と呼んでいます。さきほど、係の方が紡績機械を動かして見せてくれましたけれど、あれは電動でしたから、二〇世紀に入るあたりのものだと思います。スイッチをいれた時に、ジェニー紡績機を先端にたくさん並べた部分がガーッと前に出て、次にギューッと引っ込んで、その引っ込んだ時にゴミをとるんだって、係の方が話されていました。じつは、あの機械の横の方に、自動化される以前のジェニー紡績機の絵があって、その絵には、この機械の下に潜り込んで、切れた糸をつないだりゴミを拾うスカベンジャーという人がいたんですよと書かれていました。フロアの端には、いかにも古い木製の紡績機がありましたが、ああいうものがたくさん並んでいたのが、マルクスが実際に見た機械制大工業なんだと思います。

マルクスは機械制大工業の成立が社会全体にどういう影響を与えたかについて、いろんなことを書いていますが、中心は、それによって労働者に対する資本家の経済的支配が確立したということです。労資関係成立の最初のかたちは、資本家が職人を工場に集めるというものでした。しかし、職人は、自分の技量なしに資本家は儲けられないということを知っていますから、決まった時間に工場にやってこないとか、資本家の指図にいろいろ抵抗するのですね。これに対する資本家の主な反撃策は「罰金」でした。ところが、機械が導入されると、熟練労働はだんだん不要になってきます。職人の生き残れる範囲がせまくなってくるのです。そして、最後には「おまえの替わりはいくらでもいる」と言われるようになってしまう。実際、機械の導入にともなって、児童労働や女性労働が一挙に広まります。そういう経済的な支配の深まりを、マルクスは、資本による労働の形式的包摂から実質的包摂への転換といったむずかしい言葉で表現しました。

●機械化はバラバラだった職人を結合もする

石川：同時に、マルクスは、早くも、そのなかに労働者が資本家による支配を乗り越える可能性を見ていきます。一人ひとりバラバラだった職人が、資本によって工場のなかで結合される。それはあくまで資本の利益のための結合ですが、それによって労働者は、連帯して、資本家と闘う条件を初めて手に入れます。イギリスでは、まず子どもや女性を守ろうと労働時間の短縮を求める運動が発展します。労働者の代表などいない議会のなかで、いくつものザル法がつくられたあと、ついに一八三三年に実効性をもった労働時間規制の法律がつくられます。それが、さらに充実させられていくのです。現代日本風に言えば「労働基準法」の形成ということですね。マルクスはこうした労働者の闘いの発展と、それによって積み重ねられる運動の成果をも、大工業がもたらす必然のひとつに数えました。

面白いものですよね。いま見てきたのは物体としての機械ですが、あれを発明し、導入した当時のイギリスには、それを軸とした社会と人間関係の大規模な再編があったわけです。

〔補足――機械の登場が労働者そのものに及ぼした影響（マルクス）〕

「機械が筋力を不要にする限り、それは、筋力のない労働者、または身体の発達の未成熟な、しかし手足の柔軟性の大きい労働者を使用するための手段となる。それゆえ、婦人労働および児童労働は、機械の資本主義的使用の最初の言葉であった！　こうして、労働と労働者とのこの強力な代用物は、たちまち労働者家族の全成員を性と年令の区別なしに資本の直接的支配のもとに編入することによって、賃労働者の数を増加させる手段に転化した」（カール・マルクス『資本論』Ⅰb、新日本出版社上製版、六八〇ページ）

「機械が、労働の生産性を高めるための、すなわち商品の生産に必要な労働時間を短縮するための、もっとも強力な手段であるとすれば、資本の担い手としての機械は、それが直接的にとらえる諸産業では、まず第一に、労働日をあらゆる自然的制限を超えて延長するもっとも強力な手段になる」（同上、六九四ページ）

「機械が資本の手中で生み出す労働日の無際限な延長は、すでに見たように、のちにいたって、その生命の根源をおびやかされた社会の反作用を引き起し、それとともに、法律によって制限された標準労働日をもたらす。標準労働日を基礎として、われわれがすでに以前に出会った一現象が発展し、決定的に重要なものとなる――すなわち労働の強化がそれである」（同上、七〇五ページ）

●日本のこともイギリスのことも実感ができて良かった

池田：日本の紡績のことを実体験された方のご説明をうかがえて、何かこう血を通わせたように思います。ご夫妻があちこちの機械を指差して、「あれが」「これが」というお話をされました。それを聞いていて、ああ日本の高度成長期にもこれと同じ構造、形の機械でやっていたんだということが実感できました。さっき内田さんが袋小路に入った技術とおっしゃいましたけれども、そういうことなんですよね。それに、日本の一九七〇年代にも人買いのようなことがあったとか、不明ながら大変ショックを受けました。

機械が動いた時に、さーと下の段が出てきて、スカベンジャーの子どもたちがそこに潜り込んで掃除をするのだということも、とっても実感を持って見ることができました。あそこで働いていた人たちが、遠いアメリカの奴隷制度の下で苦しんでいる人たちに連帯したという話を、さっき松竹さんから聞きました。すごいことだなっていうふうに思いますが、どうしてそういう想像力を働かすことができたのか、いまいちよく分かりませんので、どこかで説明していただきたいです。

それから、端っこの方にペーズリー模様の絵柄のことが書いてありました。ペーズリー模様といえばイギリスでクラシックな模様でとっても有名です。しかしこれはもともとベンガルの民族模様で、インドからコットンの織物を輸入してきたときに、ペーズリー模様が大人気となって、イギリスがつくるようになったものです。インド模様のペーズリー柄も盗んじゃったんですね。

そして、エンゲルスの写真と短い説明がありましたけれども、エンゲルスの「エンゲル」って天使（エンジェル）という意味なんですね。ああ、マルクスにはエンゲルスがいて良かったなあって、改めて思ったんです。

旅ガイド
（3月26日続、27日）

ところで、この旅の日程では、二六日、二七日とリバプールに泊まることになっています。いくらマルクスに詳しい人でも、マルクスとリバプールとの結びつきを語れる人はいないでしょう。だって、関係ないのですから。

◇◇◇◇◇◇◇◇◇◇◇◇◇◇◇◇◇◇◇◇◇◇

正直にいえば、旅の中休みというつもりだったのです。長旅ですから、そういうものも必要です。マンチェスターからバスで一時間で行ける観光地を探したらリバプールがあって、そこならビートルズ誕生の地でもあるので、参加者にとって魅力が増すと考えたわけです。

でも、何といっても「マルクスの旅」ですから、何か得るものが必要ですよね。探してみたら、リバプールには奴隷博物館がありましたので、その見学を旅に組み入れました。当時、アフリカ大陸から黒人をアメリカに連れてきて、奴隷として綿花の栽培などを行わせていました。その綿花がイギリスに輸出され（リバプール港）、マンチェスターなどでそれが糸にされ（紡績）、イギリスの輸出を支えていたわけです（いわゆる三角貿易）。リバプールも「マルクスの旅」に無関係ではなかったということです。

マルクスは、イギリス資本主義がアメリカの奴隷制と結びついていることを、次のように表現しています。ここでは、すでに見た産業革命期の過酷な労働条件下にあるイギリスの労働者のことを「間接的な奴隷制」と位置づけていることが、とくに注目されます。

「イギリス工業の第二の軸は合衆国の奴隷が生産する綿花であった。……イギリスの木綿製造業者が、奴隷の生産する綿花に依拠しているかぎり、彼らはまさに二重の奴隷制に、すなわち、イギリス本国における白人の間接的な奴隷制と、大西洋のむこう側における黒人の直接的奴隷制とに依存していると断言してもまちがいではあるまい」（「イギリスの綿花貿易」『全集』第一五巻三〇二ページ）

◇◇◇◇◇◇◇◇◇◇◇◇◇◇◇◇

ところで、黒人奴隷から産業革命を見るという視点で二六日に旅立つマンチェスターを見てみると、新しい発見がありました。アメリカのリンカーン大統領の像が、マンチェスター市役所の近くに建てられていることが分かったのです。行かないわけにはいきません。

市役所の前でバスを降り、像のところに行ってみました（写真）。そうしたら、リンカーンがマンチェスターの労働者に宛てた手紙が、そこに彫られているではありませんか。雨風に打たれたからでしょうか、削られたようになっていて、なんと書いているのかは読み取れませんが、あとでネットで調べたところ、南北戦争まっただ中の一八六三年一月一九日付の手紙で、マンチェスターの労働者が、人権を基礎にした政府を奴隷制の政府に替えようとする南部の諸州に反対して闘っていることを支持し、連帯するための手紙でした。

そうなんです。マンチェスターの労働者とリンカーンの結びつきって、半端じゃないんです。しかも、そこにマルクスまで割り込んでくるんです。

◇◇◇◇◇◇◇◇◇◇◇◇◇◇◇

当時のアメリカでは、北部にあったウィッグ党と民主党内の奴隷制反対論者が合同し、共和党が結成されます。リンカーンは、奴隷制反対を掲げて、その共和党の大統領候補となるのですが、マルクスは「ニューヨーク・デイリー・トリビューン」に起稿し、リンカーン支持を打ちだします。

一八六〇年の大統領選挙でリンカーンが勝利すると、南部が独立を宣言し、南北戦争が開始されます。それがイギリスにも影響を及ぼします。南部の港が封鎖され、綿花の輸出が困難になるからです。イギリスが輸入する綿花は、全体の四分の三がアメリカからだったそうですが、それが五％にまで低落。六二年には六割の工場が休止し、紡績労働者の完全雇用率は一割ちょっとまで落ち込むことに。「綿花飢饉」とも呼ばれる事態となったのです。

これを利用したのが、アメリカの南部の諸州です。イギリスに代表を送り、こうなったのはリンカーンのせいだと主張して、支持を獲得しようとしたのです。

ところが、これにマンチェスターを含むランカシャー州の労働者が反撃します。「奴隷を自由に」という請願署名を開始するのです。リンカーンのマンチェスター労働者への手紙には、こういう背景があったわけですね。

◇◇◇◇◇◇◇◇◇◇◇◇◇

奴隷の解放を求めるイギリスの労働者の運動は、次第に広がりを見せます。六三年三月には、マルクスの提案によりロンドンで北部支援の大集会が開かれたとされます。六四年にリンカーンが大統領に再選された時、マルクスが執筆して国際労働者協会が祝辞を出すのですが、数ある祝辞に対するリンカーンの返礼のなかで、国際労働者協会宛のものだけが儀礼的でない中身のあるものだったことは有名です。

この国際労働者協会の祝辞には、なぜリンカーンを支持したかが書かれています。それを見ると、マンチェスターの労働者が、綿花飢饉という苦境のなかでもなぜ奴隷の解放のために闘ったのかが分かります。おおよそ、次のように書かれているのです。

われわれは、南北戦争を自分のこととして思っていた。アメリカが働く人のものになるのか、奴隷主のものになるのかの戦争だと。アメリカは民主共和制の国なのに、三〇万人の奴隷主により牛耳られていて、だから戦争になったとき、ヨーロッパの労働者は人ごとではないと感じたのだ。ブルジョアジーが労働者に対して起こした戦争だと思った。奴隷主が勝つと、せっかく獲得した工場法などの権利も台無しになる。綿花飢饉のせいでひどい目にあっても我慢したのは、そうだからなんだ。イギリスの工場主が南部を支持しろと言ってきたけど、それに従わず、北部がんばれとカンパもした。アメリカの労働者にとっても、「俺たちは奴隷よりましだ、下には下がある」とホッとしているうちは自由じゃなかったはずだ。だから、南北戦争に勝ったことで、アメリカの労働者は新しい時代を切りひらくはずだ。リンカーンは、働く人の味方としてがんばってほしい。

先ほどの池田香代子さんの疑問に答えられたでしょうか。

◇◇◇◇◇◇◇◇◇◇◇◇◇◇◇◇◇◇◇◇◇◇◇◇◇◇

さて、リバプールに着いた翌日、さっそく奴隷博物館です（写真）。展示写真も営業妨害にならないよう、ひとつご紹介します。なおここでは、池田さんが感じた驚きも紹介しておきましょう。博物館では、アフリカからどこに奴隷が連れて行かれたかが動画で出てくるのですが、じつはアメリカ合衆国に連れてこられた奴隷って、そのほんの一部なんです。ある研究によれば、一四五一年から一八七〇年までの奴隷輸入数は、全体が約九五六万人とされていますが、アメリカはそのうちの約四〇万人です。一番多いのはブラジル（約三六五万人）で、それに続くのがジャマイカやグレナダなどのイギリス領カリブ地域（約一六六万人）、サント・ドミンゴなどのフランス領カリブ海地域（約一六〇万人）、スペイン領アメリカ（約一五五万人）とされています。なお、奴隷の総数については、最大で一億人という説もあり、確定していないようです。

その後、一行はビートルズ・ストリートで自由行動。ビートルズを満喫したでしょうか。

ところで、専門店「ビートルズ・ストーリー」に入ったツアー参加者が、「すごい発見だ」と知らせてくれたことがあります。ビートルズの八作目のアルバム、『サージェント・ペパーズ・ロンリー・ハーツ・クラブ・バンド』は世界で三二〇〇万枚以上も売れた大ヒット作ですが、そのジャケットがマルクスと関係があるのです。このアルバムはタイトルと同じ名の架空のクラブ・バンドが演奏するという設定なのですが、何十人かのバンドの一員としてマルクスが登場しているのです（写真）。二列目の右から五番目の人物です。

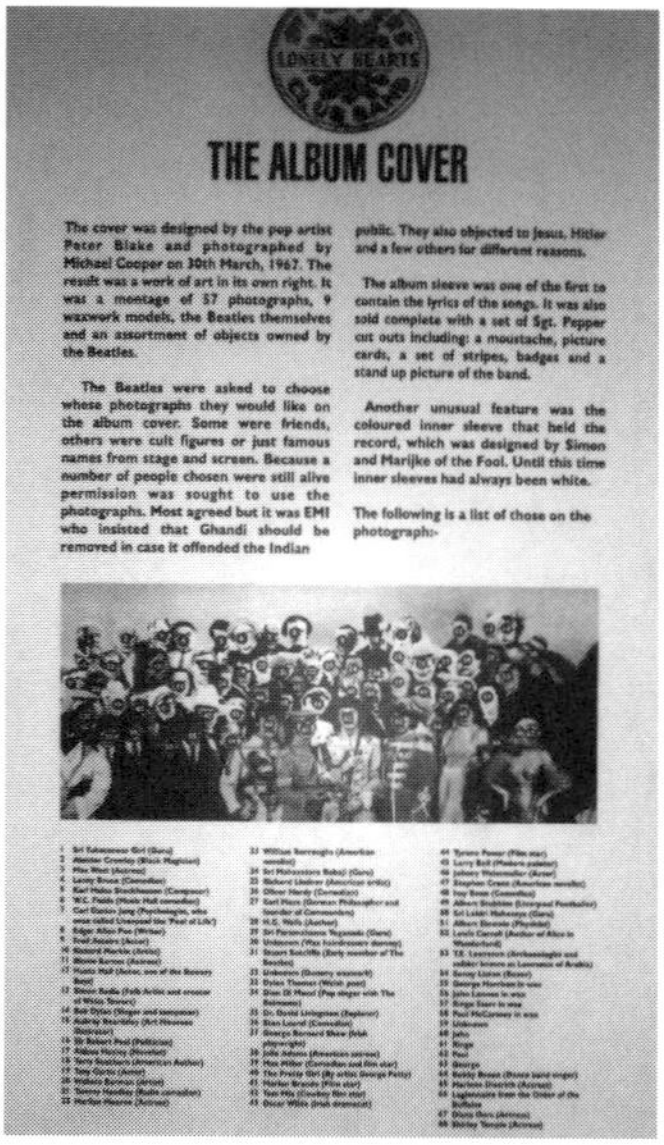

（撮影＝根木山幸夫）

店内にあった説明書（写真）には「ドイツの哲学者、共産主義の創始者」とありました。

旅 ガイド

（3月28日）

朝、リバプールを列車で発ち、一行は最後の目的地、ロンドンへ。三時間半かかって到着です。

この日の最初のハイライトは、何と言ってもマルクスのお墓です。ロンドン郊外のハイゲート墓地に埋葬されているんです。

この墓地の案内リーフレットを見てください（写真上）。有名な人々が埋葬されているのですが、マルクスがなんとど真ん中で紹介されています。訪れる人が多いんでしょうか。実際、このリーフレットで紹介されているお墓は、マルクスの顔を模した大きなもので、とっても目立っていて、それなりの人数が前で集えるようになっています。ツアー一行も記念写真を撮りました（写真）。

けれども、このリーフレットにだまされてはいけません。マルクスは死ぬとき、質素に埋葬してくれと頼んだんです。そして一八八三年、質素なお墓に葬られました。ところが、トリーアでお話を聞いたヘレスさんによると、一九五六年になって、この大きな記念碑（新しいお墓）ができたそうなんです。これが建てられた理由は、各国から共産党の代表団がやってくるので、その際に集まれるような広い場所がほしかったというも

マルクスの新しいお墓の前で（撮影＝片桐資喜　扉の献花の写真も）

のでした。まさに二〇世紀の都合でできたマルクス像ということになります。ただし、本当のお墓から土を運んできたので、記念碑はニセ物とは言えないということでした。

いずれにせよ、お花を手向けるのは、もともとのお墓ですよね。合掌！（第三部扉写真）

ということで、マルクスの墓に花を手向けるという、ツアーの大きな目的も果たしました。ビッグ・ベンやウェストミンスター寺院なども観光しました。それでは、内田さん、石川さんにも、最後の対談をしていただきましょう。

対談Ⅱ

内田樹×石川康宏

松竹：じゃあ、よろしくお願いいたします。
石川：じゃあ、今日は、ぼくが先に二〇分ほど、それから、内田先生からお話ししていただいて、あとはいつもと同じく、なるようになるという進行です。
会場：（笑）
石川：最初に、今日は三月二八日ですが、たいへんおめでたいことに、ぼくの五九回目の誕生日でありまして……。
会場：（拍手）

【最初の発言・石川——資本主義とは何か、資本主義社会の変え方】

●同じ資本主義でも国によってずいぶん異なる

石川：ははは。ありがとうございます。来年はもう還暦ですよ。「新進気鋭」なんて言っていただいたのは、ついこの間のことだったような気がするのですが、そんなことを言っていること自体、年寄りの証明なのかもしれません。

で、明日の三月二九日は、例の「安保法＝戦争法」が施行される日だということで、もう、国会前には、たくさんの人が抗議のために集まっており、他方、かなりの警察もすでに出て、国会前に鉄柵を置き、人の動きが自由にならない状況をつくろうとしているようです。そんな情報が、ツイッターに流れてきました。

では、本題にというか、何が本題かよく分からないままですが、入ってみます。

初めてのヨーロッパで、いろいろ感じることはあったんですが、そのひとつは、日本とドイツなりイギリスなりの資本主義のタイプの違いでした。どちらも同じ資本主義ですが、「古いものを大切に残し、使えるものは大切に使うという社会」と、「使うより、破壊して新たにつくることに力点を置く社会」と、それだけでも相当に違いがあると思えました。ローマ時代のものまで残っているというのはすごいですが、ともかく「箱もの」、ともかく再開発という日本とは、ずいぶん違った社会ですね。

今日、あちこちを案内してくれたガイドさんは、貧富の格差を語った後に「資本主義ですねえ」と何度かつぶやくように言われていました。しかし、考えてみると、資本主義とは何かという、マルクスの研究のいちばんの核心について、この旅では何もお話ししていませんので、今夜はそのあたりを少し紹介してみようと思います。

●四八年革命と敗北後のマルクス、エンゲルス

石川：ドイツでは、池田さんと松竹さんから、四八年革命やフランクフルト議会のお話がありました。マルクスは革命勃発の直前に『共産党宣言』を書いて、資本主義から共産主義へという社会発展の展望、そのための労働者の闘いの必要などを訴えていました。二九歳のマルクスは資本主義がすでに末期の段階にあると考えていましたから、革命の勃発には本当に胸がおどったのだと思います。資本主義が末期だという当時のマルクスによる理解の一番の根拠は恐慌でした。これは高まる生産力を、資本主義の生産関係が管理しえないことを証明する、いわば資本主義の「悲鳴」「痙攣」なのだと考えていたのです。そうして、わくわくしながらドイツにもどったマルクスは「ドイツ共産党の要求」を発表します。この革命で、何を実現すべきかをまとめた簡潔な文書です。その第一に書いたことは、二一歳以上のすべての男女に選挙権を与えようということでした。高額納税者だけとか、男だけとか、ユダヤ人はだめとか、そうした一切の区別なしに、すべての市民に選挙権を与え、それにもとづく徹底した主権在民を実現せよと訴えたのです。その思いの強さの裏返しとして、君主制を残すとしたフランクフルト憲法に対する厳しい評価もあったのでしょ

うね。

しかし、この革命は民衆の敗北で終わります。マルクスは、いまぼくたちがいるこのロンドンに逃れ、エンゲルスも少し遅れてイギリスにやってきます。そしてエンゲルスはマンチェスターで、一八五〇年から六九年まで、昼間は資本家、夜は革命家という二重生活を送って、マルクス一家の生活を送金によって支える二〇年間に入りました。エンゲルスは一八二〇年生まれですから、ちょうど三〇代と四〇代の二〇年間です。貴重で長い時間ですよね。その間にマルクスは、四八年革命がなぜ勝利できなかったのかについて思索を深め、また前回、内田先生が紹介されたように、「ニューヨーク・デイリー・トリビューン」などの新聞に、国際政治や社会の動きに関する論説記事をたくさん書きます。それはいくらかの収入を手に入れるためでもありました。それと同時に、いよいよ本腰をいれたのが、経済学関係を中心に膨大な文献を読み、メモをつくり、草稿を書くという『資本論』作成のための作業でした。明日、ぼくたちがオプショナル・ツアーで行く大英博物館が、そのメインの現場になります。

●「持てる者と持たざる者」が対立する資本主義

石川：マルクスが『資本論』第一部を出版したのは一八六七年、四九歳の時でした。『共産党宣言』やドイツでの四八年革命の闘いから二〇年近くたってのことでした。その間に、マルクスの理論は大きな進歩をとげますが、ここではその変化の過程は飛び越して、成熟したマルクスの資本主義論だけを紹介してみます。

マルクスは、人間社会の構造を、経済が土台にあるものとして捉えました。経済が共同的であれば、政治や社会意識も共同的になり、経済が敵対的であれば、政治や社会意識にも、その敵対性があらわれてくる。歴史研究の成果として、マルクスはそのように人間社会の内部関係を捉えました。そして、大づかみに言えばとして、人間社会の歴史を、原始共同体の社会、古代奴隷制の社会、中世封建制の社会、近代資本主義の社会にわけました。

では、そのなかで資本主義という段階の人間社会はどのような特徴を持っているか。マルクスはそこに「持てる者と持たざる者」の対立を見ました。具体的には、資本家（ブルジョアジー）と労働者（プロレタリアート）の対立ということです。それは「金持ち」かどうか、食べるものをはじめ消費手段を「持てる者」と「持たざる者」の対立ということだけではありません。マルクスがその背後に見たのは「生産手段を所有する者と所有しない者」との対立でした。生産手段というのは、工場とか、会社や事務所とか、部品や原料とか、そこに労働力さえ加われば、それで経済活動を開始することができる経営資源のことです。その所有の有無が、経済社会での地位の差を生み――雇う者と雇われる者といった具合に――、生活水準の格差を生み出す根本要因だとしたのです。確かに、いま日本の富裕者ランキングを見れば、上位は大企業経営者ばかりですね。

「持たざる者＝労働者」はどのようにして暮らしているか。労働力を切り売りすることによってです。朝何時から夜何時まで、一か月に何日働いていくらもらうと。そういう契約にもとづいて受け取るお金が「賃金」です。日常生活では給料ということが多いですし、バイト代、パート代なんていう言葉もありますが、労働（力）の販売代金は、ボーナスもふくめて、労働基準法などの法律でも、すべて「賃金」です。労働力を切り売りする相手は、労働力をのぞく生産手段の所有者である資本家です。就職活動というのは、労働力の販売先を探すための活動なのでした。こうして資本家と労働者が結びつき、生産手段と労働力が結びつくことで主な経済活動が行われる社会、これをマルクスは資本主義社会の土台を成す資本主義経済の特徴と捉えました。

●「わが社」の儲けを大きくすることが優先される

石川：もうひとつ、別の角度からマルクスが資本主義経済の重要な特徴としたのは、経済活動の原動力が個々の資本家による利潤追求になっているということです。経済活動の目的が、社会を豊かにすることではなく、「わが社」を豊かにすることになっている。これだけ社会に貧困が広がっているのだから、儲けの一部だけでも社会のために使えないのか。そう思う人も多いでしょうが、それができない仕組みがある。それが資本家同士の競争です。競争に負けると「わが社」はつぶれてしまう。あるいは買収されてしまうかもしれない。だから、競争に負けないために、儲けを最大限に追求せずにおれなくなる。それが資本主義の大きな特徴であり、そういう経済関係の実態が、政治や法律、社会的な意識にもあらわれてくるというのです。

現代日本では、労働者の四割が非正規雇用です。ぼくの上の子どもは、三〇歳、二八歳、二六歳と並んでいるのですが、「四割が非正規」という現実は、わが家のなかにも浸透します。工場現場で働く二八歳の長男が、非正規雇用です。非正規雇用者の月収は、男六割、女九割が月収二〇万未満となっており、うちの息子もここに入ってきます。結婚しているのですが、同じく非正規でがんばっていたパートナーが、出産をきっかけに働けなくなった。そうすると家族三人が、二〇万たらずの月収で生活しなければなりません。これはたいへんですよ。日本で実質賃金や家計の平均所得が一番高かったのは一九九七年ですが、それを突き崩す最悪の手段が、法改悪によるこの非正規雇用の拡大でした。息子もその被害者ですし、孫もその被害者で、そうした法改悪を行ったのは国会議員で、それを強く求めたのが経団連などの財界団体でした。つまり、これは人災です。

どうして、資本は労働者に、そんな酷い働かせ方をするのでしょう。資本は自分の会社の労働者には、よその会社より「よい仕事」を、よその会社でよりも「たくさん」させ、しかし、よその会社より「安い賃金」しか渡そうとしません。それが「わが社」の儲けを大きくする最良の方法だからです。マルクスは労働者が仕事をつうじて生み出す経済的な価値と、労働者が受け取る労働力の価値（賃金）の差を、「剰余価値」という言葉で表現し、それが資本による「利潤」の源泉だと考えました。これは、アダム・スミスやデービッド・リカードウなど当時の古典派経済学による探求の延長線上に生まれた解明で、経済学の歴史の本流に座る成果です。労資関係がそのような内実を持つことから、紡績工場で、機械の下に子どもが入って綿ぼこりを取り、機械に挟まれて腕がなくなる、命がなくなるといったことも起こったわけです。『資本論』には、労働者の短命についての統計や「過労死」の事例もたくさん紹介され、告発されています。

●労資関係に公正なルールを与えていく

石川：そういう状況のなかで、イギリスでは、労働時間を制限するための運動が起こります。資本主義の最初には労働時間を規制する法律はありません。そこで、それでは生きられないという、切羽詰まったところから運動が始まります。まずは子どもの労働時間を短くしろ、女性の労働時間を短くしろ、そういう闘いからでした。マルクスはそれを半世紀におよぶ資本家階級との「内乱」と表現しました。

労働者には選挙権がありませんでしたが、運動の勢いは議会を動かし、いくつかのザル法を経て、一八三三年に初めて実効性のある工場立法・労働時間制限法がつくられます。九歳未満の児童労働を禁止するとか、一三歳未満は週四八時間に制限する、一八歳未満の夜業は禁止する、大人の一日の労働は一二時間を上限とするといった具合で、いまから見ればどこが制限なんだと驚かされるようなものばかりですが、でも、これが労働者の力によって資本のやり放題にブレーキをかける、つまり労資関係に公正なルールを与える歴史の最初の一歩だったのでした。同時に三三年法は、労働基準監督官の設置を決めています。

これによって経営者の法律違反を、労働者が告発するということが初めて可能になりました。労働基準監督署は現代日本にもありますね。これは画期的な成果でした。

その後、一九世紀、二〇世紀、二一世紀の時間の経過のなかで、労資関係の公正を進める取り組みは、さまざまな成果を重ねてきました。最近は新自由主義による逆流も目立ちますが、歴史の大局を見れば公正の進展は明らかです。ドイツやフランスの週労働時間は三五時間になり、年次有給休暇も五週間、六週間になっています。資本主義の発展というと、個々の資本が儲けを追求する結果としての新商品の開発や生産力の発展ばかりに目がいきがちですが、じつは資本主義の発展は、労働条件の改善とそれによる労働者の生活水準の改善に大きく支えられています。

生産は、消費に裏打ちされねばなりませんが、資本主義の歴史的発展のなかで、最大の消費部分として拡大してきたのは個人消費です。つまり賃金と社会保障の拡充をつうじた労働者たちの生活向上は、同時に、資本主義経済の発展を支える大きな要因にもなってきたのでした。

●「もっとうまいものを食わせろ」と起ち上がる

石川：「失われた二〇数年」といわれる現代日本の異常な低成長あるいは成長停止が、労資関係の急速な不公正化によって生み出されたことは象徴的です。そこには、欧米に比べての労働運動の弱さという日本的な問題が横たわります。一九七四年をピークにストライキができなくなった日本、労働組合運動が大資本経営者の集まりである経団連や日経連(当時)によって分断され、賃上げ闘争が次第にできなくなっていった日本、その社会的な影響力の低下は、労働者・市民の生活水準の低下を招き、それと同時に国内の消費力を萎縮させ、「経済成長なき日本」をもたらす中心的な要因となりました。

年配のみなさんは『あゝ野麦峠』というお話をご存じかもしれません。紡績産業の女工さん――いま思い返せば「子どもたち」ですが――、その子どもたちに力ずくで長時間・過密労働を強制する野蛮な労資関係が分かりやすく描かれていました。寄宿舎制度といわれたなかば監獄ともいえる寮に閉じ込められた女工さんたちは、そこでの食事のひどさにも強い怒りを持ちました。『女工哀史』などを読んでも、ごはんにまともなおかずはほとんどなく、三食たくあんばかりです。「もっとうまいものを食わせろ」は、当時の女工さんたちの重要な闘いのテーマでした。『あゝ野麦峠』が対象としたのは明治後期の事情だそうですが、もっと早い段階から女工さんたちの闘いはあり、それは日本における労働組合運動の先駆けとなるものでした。

〔補足――一八八六年雨宮製糸の女工さんたちのストライキ〕

「雨宮製糸の『女工』たちは、当時県下の製糸業者が同業組合をつくり『工女取締規則』を定めて、実働一四時間をさらに三〇分のばし、これまで上等で一日三二・三銭であった賃金を二二・三銭に切り下げようとしたことに対して、我慢ならないと六月一四日、近くの寺にたてこもり、ストライキに立ち上がりました。彼女たちは近所から通勤していましたが、『すこし遅刻しても同盟のきびしい規則でようしゃなく賃金をひき下げられ、長糞、長小便は申すにおよばず、水いっぱいさえ飲むすきもないのに、工女連中は腹を立て、雇主が同盟規約という酷な規則をもうけて、わたしらを苦しめるなら、わたしらも同盟しなければ不利益なり、優勝劣敗の今日において、かかることに躊躇すべからず。先んずれば人を制し、おくるれば人に制せらる。おもうに、どこの女工にも苦情あらんか、苦情の先鞭はここの紡績場よりはじめん、といいしものあるやいなや、お竹、お松、お虎のめんめん、ひびきの声に応ずるごとく……』といっせいに職場をひきあげ、近くのお寺にたてこもったと山梨日日新聞（明治一九年六月一六日付）

は記述しています。
会社は驚いて、首謀者と話し合った結果、六月一六日には、出勤時間を一時間ゆるめる、その他優遇策を考えるということで、この争議は解決しました。この雨宮製糸のストライキは、同じようなひどい規則で苦しめられていた沢野井製糸、丸山製糸、長田製糸へとひろがりました」（猿橋眞『日本労働運動史――積極的・戦闘的伝統を学ぶ』学習の友社、二〇〇一年、二二～二三ページ）
「日本ではじめて近代的な労働組合がつくられたのは、日本の資本主義が産業資本主義の段階に発展したちょうどこの頃でした。一八八七年（明治二〇年）頃から鉄工や活版工のあいだで労働組合をつくろうという動きがありましたが、この時期、アメリカから帰国した高野房太郎や片山潜らの先覚者によって一八九七年（明治三〇年）に労働組合期成会がつくられ、そのはたらきかけによって同年一二月に鉄工組合が、ついで翌年には日本鉄道矯正会が結成されました」（同右、二四ページ）
日本は欧米に比べると、そもそも資本主義の成立が遅く、また戦前の「大日本帝国」の国家権力による野蛮な弾圧もあって、労働者運動、とくに労働組合運動が広く社会に根を下ろすのは、ずいぶん遅くなっています。それでも労働者たちの闘いを絶やすことはできず、「三六協定」のような大きな弱点があっても、戦後には労働基準法がつくられるようになり、また金額は低すぎるけれども最低賃金法といった労資関係の公正を推進する法的な足がかりがつくられました。

●マルクスの革命論は当初の「革命型」から変化する

石川：マルクスは、資本主義の歴史的限界、つまり資本主義が資本主義である限り、資本家が労働者を経済的に搾取するという関係そのものは変わらないということを厳しく指摘しながら、同時に、その限界の突破にいたる過程でのこうした資本主義の改良を重視しました。労働者は資本に滅ぼされることを受け入れるのでない限り、資本を制御せざるをえなくなるし、そうした闘いを重ねるからこそ、資本主義の歴史的限界に対する認識も深まり、広がっていく。つまり、「革命か改良か」という二者択一でなく、部分的な改良の積み重ねが、資本主義経済のあり方を根本的に転換する革命を引き寄せていくのだ。マルクスは両者をそのようにつなげて考えました。

マルクスの革命論は、『共産党宣言』などの若い段階では、苦難のなかできっかけがあれば労働者は起ち上がるといったフランス革命型になっており、そのきっかけは周期的な経済危機、恐慌が与えてくれるとされていました。確かに四八年革命は、恐慌と時期が重なるものでした。

しかし、一八五七年に次の恐慌が起こったにもかかわらず、ヨーロッパに大きな変革の動きはまったくあらわれません。その現実を目の当たりにしたところからマルクスは資本主義の究明を一段と深め、一方で恐慌は資本主義の新たな産業循環への入口にすぎない、それは資本主義の限界を示したものではなく、資本主義の日常の生活経路であると捉えるようになり、他方で、労働者たちの闘いは生活苦さえあれば自然に広がるというものではなく、あらかじめの組織性が必要なのだと考えるように変わります。そのたたかいは選挙と議会をつうじて、多数者の合意にしたがって、段階的に進められていくという多数者革命型に変わっていきます。

そして、そのようにして民主的に確立された政府は、個別資本による利潤追求の土台となっている生産手段の私的所有を廃止し、これを社会全体の財産に転換する。これまでの対立的な労資関係を共同的な人間関係に転換し、資本間の利潤追求競争にも終止符を打つ。これが革命権力による経済改革の核心です。ただし、生産手段の所有者を資本家から社会に移しただけで経済運営がうまくいくわけではない。その生産手段を実際に、「みんなのため」に活用する能力を、社会の構成員が身につけていかねばならない。その能力の成熟に応じて、新しい社会は次第に内実を豊かなものにしていく。こういう根本改革をマルクスは展望し、その段階の人間社会を共産主義社会と呼んだのでした。

このあたりも「二〇世紀のマルクス」では、プロレタリアート独裁（革命の権力）はいつでも暴力に支えられるとか、労働者の政権は鉄砲から生まれるといった具合に、マルクスの実像とはかけ離れたものとして描かれる傾向が強くありました。実際には「安保関連法を廃止する政府をつくろう」とか「夏の参議院選挙をその最初に一歩にしよう」という現代日本での運動は、「一九世紀のマルクス」に、そのように自覚しようとしまいと、考え方の根元のところで深くつながっているように思います。

もう二〇分経ちましたね。みなさんも早くビールが飲みたい、うまい中華料理が食べたいと思われているでしょうから、ぼくの話はここまでとさせていただきます。

会場：（拍手）

【最初の発言・内田――受肉している資本主義、していない資本主義】

●ドイツとイギリスでは政治思想が受肉していた

内田：ええと、ぼくの番なんですけれど、ご覧のとおり絶不調で風邪を引いておりまして、大変に具合が悪いのです。ですから、石川さんのようなまとまった話ができません。思いつくことをぱらぱらと申し上げたいと思います。でも、たぶん、石川さんが言いたかったこととかなりの部分まで重複すると思います。

今回、実際にヨーロッパに来て、短い期間でしたし限定的な地域ではありましたけれども、実際にドイツとイギリスと歩いてきていちばん感じたことというのは、「政治思想というのは受肉している」ということでした。どんな政治思想にもそれを生み出した生活があり、その基盤となった身体がある。思想も理論もそこから生まれるということがよく分かりました。

さっき、石川さんが、女工哀史の労働法の萌芽っていうのが、「飯がまずい」「飯をなんとかしろ」というところから生まれたって話しましたよね。戦艦ポチョムキンの反乱も昼飯のボルシチに入っていた肉が腐っていたという、食い物問題から起きたわけですから。

食い物問題から社会運動に展開するというのは、ことの筋目として正しいと思うんです。最終的にシステムに「もう我慢ならない」と言って反乱するのは身体なんですから。

　エンゲルスが『イギリスにおける労働者階級の状態』で報告したり、マルクスが『資本論』の第一巻で引用している一八四〇～五〇年代のイギリスの児童労働や女子労働の凄まじさというのは、理論的にどうこうという以前に、そこに列挙されている具体的な事例を読むだけで怒りで身体が震えてくる。どうしてここまで人間の身体を破壊できるのか。休みたい、食べたい、飲みたい、眠りたいという人間の身体の根源的な欲求をどうしてここまで抑圧できるのかということに対する身体的な憤りで震えるほどです。「これは人間の生き方ではない。こんな生き方を強いるシステムは倒さなければならない」ということが身体的に実感される。あるシステムが制度疲労の限界に達して覆されるときに、最初に声をあげるのは身体だということです。

●人間の身体的な欲求を満たす経済活動には限界がある

内田：人間の身体というのは、とにかく再生産のために、一日八時間ぐらい寝なきゃいけないし、飯も三度食わなきゃいけないし、時々お風呂にも入らなきゃいけないし、お酒も飲んだりもしなきゃいけないし、いろんなそういうことを全部クリアーしていかないと再生産できないわけです。

それに、そもそも経済活動の実態というのは、人間の生理的な欲求を満たすために始まるわけですよね。衣食住を満たしていくためにある。そして、衣食住を満たすことを目的として経済活動をする場合というのは、必ずその経済活動には身体というリミッターがかけられることになる。

もとが生理的欲求にもとづく経済活動ですから、ある上限に達すると、もうそれ以上を身体は要求しない。ご飯は一日三回食べるけれども、三回以上は食べられない。四食五食食べてもいいけど、体を壊す。衣食住といったって、家だって一軒の家しか住めないわけで、べつに何十軒も持っていたってかまわないし、エリザベス女王みたいに四軒ぐらい持っていてぐるぐる回るという生き方もあるかもしれませんけれども、それだって季節ごとに四軒ぐらいが限界ですよね。それ以上は持てないです。服だってそうです。一回に着られるのは一着だけですから。次から次へと着替えたって、ただ疲れるだけです。

会場：（笑）

内田：毎食三ツ星のシェフにつくらせたって、すぐ飽きちゃいますよ。「もういいよ」、「たくあんに茶漬けがいい」って言い出すかもしれませんしね。

結局、経済活動というのは、元をただせば人間の身体的な欲求を満たすために始まったわけで、まさにその身体的な欲求、衣食住の欲求を満たすために始まったということが、当然のことながら経済活動の限界をかたちづくるわけです。「これ以上生産してもしょうがない」ということです。市場が飽和してしまう。

●一秒に一〇〇〇回取引するには人間の思考は存在しない

内田：ところが、現在のグローバル経済の活動というのは、その身体的な限界を超えている。超富裕層のなかには、個人資産が天文学的数値になっていって、もういくら持っているのか分からないし、どう使っていいか分からなくて、持っていることの意味が分からないようなことになっている人がいくらもいる。もう一生使っても使いきれないぐらいお金がある。

そういう人は経済活動を行うモチベーションがなくなるはずなんです。だから、もう身体の欲求とは関係ない経済活動にシフトしている。もうモノを売り買いするんじゃなくて、「金で金を買う」ような経済活動をしている。現に株の取引というのはいまではコンピュータのアルゴリズムがやっている。だから、一秒間に一〇〇〇回取引するというような超高速の売り買いができる。

ここにはもう人間の欲望とか、思惑とか、投機とかいうような発想の余地さえない。「いま相場はこっちへ動いているから、その裏をかいて、ここで空売りして……」というような人間的思考はもうしないんです。だって、そんな思考法をすると、それだけでもう一分くらいかかるわけで、その間に機械は何十万回も取引を済ませてしまっている。「では」と言ってディスプレイを見たら、一分前とは相場の景色ががらりと変わっているということだってある。そういうところまで経済活動は、もう人間的スケールを超えてしまっているわけです。

だから、結局いつの時代でも、システムは暴走するということです。システムは必ず暴走する。自己増殖し、自己模倣を始めていく。それを制御していくのは――制御っていう言葉を、石川さんがキーワードとして出しましたが――、経済システムであっても政治システムであっても、あるいは文化の仕組みであっても宗教であってもイデオロギーであっても、システムを制御するものは最終的に生身の身体ですよ。「それはちょっと人として無理なんじゃないの」という。この「人としていかがなものか」という抑制がこれまでつねにシステムの暴走を抑えてきたんだと、ぼくは思います。

●蒸気機関は当初「鉄の馬」として構想された

内田：今回ほんの短い期間でしたけれど、ドイツとイギリスを回ってきて感じたのは、冒頭に石川さんが言ったみたいに、「ヨーロッパの資本主義っていうのは、なるほどそれなりに『受肉』している」ということでした。資本主義が身体を持っている、そう感じた。

それをとくに感じたのは、マンチェスターで織機を見た時です。帰りのバスのなかでも申し上げましたけれども、あそこに並べられた機械がすごく生々しい感じがしたんです。手作り感があった。機械に表情があり、身体性があった。人間に敵対する機械という「禍々《まがまが》しさ」が感じられた。

その時に、ある逸話を思い出しました。蒸気機関が発明された時のことです。これを交通手段に転用できないかとみんな考えた。その時にまず何を考えたかというと「鉄の馬」を考えたんです。それまでの運送手段は馬が引く貨車だったわけですから、当然「貨車を引く鉄の馬のかたちをした蒸気機関」を考えた。それが当然だったんです。前に牽引するものがいなくても、貨車の車輪そのものを回せば前へ進むということにスティーブンソン

が気づいたのは「コロンブスの卵」だったんです。なんと、その手があったか、と。ぼくたちは蒸気機関車というものがすでに存在する世界に生まれてきているので、「蒸気機関を利用して輸送手段を作れ」という課題が与えられたら、誰でもスティーブンソンのような機械を思いつくはずだと思い込んでいるけれど、それは違うんです。たぶん、それよりは「鉄の馬のようなものが貨車を引っ張るメカニズム」をまず考えたはずなんです。そっちのほうが発想としては本筋だからです。だからもし、スティーブンソンの蒸気機関車の発明の前に、誰かが見事に動く「鉄の馬」をつくりあげたら、蒸気機関車というのはその後「そういうもの」として進化していっただろうと思います。

そういえば、フランクフルトにも似たようなものがありましたよね。巨大なトンカチ男（写真）。あれも、「物を壊す」という働きを考えたときに、人間の手で巨大なトンカチをふるうという動きをつい想像してしまったからあんなものをつくってしまったのだと思います。

人間は必ずそういうことをする。機械をつくるときにも、人間はどうしても人間の手足の機能を機械的に展開してゆこうとする。そういうふうにして機械をつくっている限りは、どんな機械も、どこかしらに人間性のかけらをとどめている。あの紡績機械ももともとは人間が手作業でやっていたことを機械的に展開していったわけです。だから、機械の動きをじっと見ていると、人間の関節の動きのようなものを機械的に翻訳したらこんなふうになりましたという感じがする。メカニズムの生成過程にたしかに人間の生身が関与しているという感じがした。そして、それがまた機械にある種の生々しさというか、「気持ちの悪さ」を与えていた。でも、「気持ちが悪い」というのは、機械なのに生々しい感じがしたからです。生身感があった。

●生身と生身がぶつかり合っていた

内田：ぼくは、このメカニズムに生身感があるというところが、システムとそこで働いている人間のあいだの唯一の対話の回路っていうか、それが「取りつく島」だったんじゃなかったのかという感じがしたんです。

人間はもちろん生身の身体を持っている。でも、メカニズムの側にもある種の生身性があった。そのふたつの身体がせめぎ合っていた。一九世紀の強欲な資本家にしても、基本的な動機は「もっといい家に住みたい」とか「おいしいものを食べたい」とか「綺麗な服を着たい」というような、そういう身体的な欲求だった。だから、労働者を収奪しても、しょせんは人間の生身の欲望であるなら、どこかに限界がある。限界があるし、欲求の生々しさ、その醜さもありありと露呈したと思うんです。

マルクスは『資本論』の最初のほうで、イギリス皇太子妃を迎える宮廷舞踏会のためのドレスを受注した洋服屋の女工たちが「貴婦人たちの衣装を魔法使いさながらに瞬時に仕立て上げなければならなかった」ために二六時間半連続で働かされ、一人の少女が過労死した事例を挙げています。他人が着るためのドレスをつくったせいで、作り手が死ぬ。一方に穴蔵のような職場で窒息死しかけている少女たちがおり、他方にきらびやかなドレスをまとった人々が舞踏会に興じている。この対比があまりにも鮮やかなわけです。まさに女工たちの血と汗がそのまま彼女たちのつくり出した商品の価値を構成している。資本主義的な商品生産という仕組みが「一滴一滴の労働からそれに比例する量の剰余労働を搾り取るためにだけ存在している」（『資本論』）ということが、ありありと実感できる。マルクスの抽象的な商品論が理解できなくても、労働者たちの生命を文字通り「搾り取った」商品が資本家たちに富をもたらしているという現実は目の当たりにすることができる。

資本制の生産様式もまた「禍々しさ」があった。それなりの身体性があった。醜悪で邪悪だけれど、それでも「人間の顔」をしていた。システムが「受肉」していた。だから、資本家に対する労働者の側からの抵抗も、まず身体的な欲求から始まったわけです。「ベッドで寝たい」とか「もっと休みたい」とか「まともなものを食いたい」という、これ以上はもう無理だ、これ以上こんな労働環境で働かされたら身体が壊れるという、ぎりぎりの線で抵抗の運動が起きた。

資本主義と労働運動、機械と労働者というのが、抽象概念ではなくて、生身と生身のぶつかり合いだったということが、ぼくは今回、ドイツとイギリスを見て分かりました。そして、「なるほど、資本主義の発展っていうのは、搾取する側がしだいに身体性を失ってゆくプロセスをたどるのか」ということを感じました。

●日本の場合、どちらも輸入されたものである

内田：ラッダイトたちが紡織機械を叩き壊したのは、まさに紡織機械が「禍々しい顔」をした機械だったからです。だから憎しみを機械に向けることができた。システムを破壊するだけなら、資本家たちのオフィスに乱入して、帳簿や書類を破り捨てれば済むことです。管理部門を抑えれば、工場は停止する。でも、ラッダイトたちはそうせずに、機械だけを壊した。それだけ機械が「人間みたい」だったということです。機械を設計した人たち自身がそう思っていた。だから、機械の造形に「人間らしい邪悪さや暴力性」が感じられる。

ひるがえって、日本はどうかというと、日本の資本制生産様式って「受肉していない」という感じがするんです。紡績工場のメカニズムにしてみても、完成したシステムを日本に持ってきた。完成するまでのプロセスがすっ飛ばされている。人間の持っている、四肢の機能を機械的に展開したことで、きわめて抑圧的な、邪悪な収奪の機械ができたという、その「進化」のプロセスがなくて、いきなり完成形がどんとやってくる。とすると、労働者の側からすると、この機械には「取りつく島」がない。機械が「人間の顔」をしていないから。ヨーロッパの資本主義というのは、こういう言い方はなんだか変ですけれども、それなりに「受肉」している。出自が明らかである。どういう人間的欲求やどういう身体

的機能からそれが生まれてきたのか、そのプロセスが分かる。

でも、それ以外の国はそれがない。資本主義が人間の顔をしたシステムだった時代を知らない。だから、のちになってマルクスを読んだり、さまざまな社会主義の文献を読んだりして、革命運動を組織していった国においては、収奪する装置が「受肉」していないし、それに対する反対運動にも十分な身体性がない。労働者の身体が自分を収奪する身体に向き合うというのではなく、抽象的な収奪のメカニズムに対して、抽象的な「政治的正しさ」が対峙する。身体と身体ではなく、理屈と理屈が向き合っている。バーチャルなものとバーチャルなものが対立する。これがやっぱり、資本主義の発展段階を順番にたどってきた国と、できあがったシステムを輸入した国との一番大きな違いじゃないかという気がする。

●じつは「生身の身体のバックラッシュ」か

内田：いま、世界的に左翼のバックラッシュが始まっているという話を、最初の対談でしました。アメリカのバーニー・サンダースがつい先日アラスカとハワイとミシガン、そしてワシントンとを制しました。またジェレミー・コービン、イギリスの労働党の党首が、まったくの泡沫候補と思われていたのに、大学の無償化とか、反原発とか、いったん民間に移した国営企業の再国有化とか、明らかに社会民主主義的な政策を打ち出すことによって若い支持者を獲得した。その前はスペインで、ポデモスという左翼勢力が出てきて、これも短期間に一気に勢力を拡大して、議会第三位の政党になってしまった。これなんかほとんど素人がつくり上げた政党です。カナダのジャスティン・トルドーもリベラルな政策を次々展開していっている。

これを見ていると、「左翼のバックラッシュ」というよりもむしろ「生身の身体のバックラッシュ」という感じがするんです。ウォール街でお金を儲けている人たちって、もう生身の身体を持っていない。身体的欲求をはるかに超えるような資産を積み上げ、さらにそれ以上を求めているけれど、その欲望には裏づけになる身体がもうない。ディスプレイの上の数字が増減するだけで、キーボードを叩いているうちに個人資産が天文学的に増えてゆく。自分がどこの国のどんな労働者を収奪し搾取しているのかが見えない。舞踏会のドレスを着ている貴婦人と、それを縫って過労死した少女の対比は鮮やかなほどに分かりやすい。でも、いまタックスヘイブンの銀行口座に何十億円、何百億円という個人資産を蓄えている超富裕層は自分たちが誰を収奪しているのか知らない。言うことができない。だから、いま実際に搾取されている労働者は自分たちの憤りを向ける相手がいない。マルクスの時代であれば、一方に食べるものさえない労働者がいて、その隣の邸で資本家たちが飽食している。一方に長時間労働を強いられる労働者がいて、その隣で資本家たちが高いびきで眠っている。収奪する資本家と収奪されている労働者が生身の身体によって隣接していた。だから、誰が誰から収奪しているのかじつに分かりやすかった。でも、現代は違います。それが分からない。システムには顔がない。身体がない。捉えどころがない。誰がそこから受益しているのか、誰がそれを制御しているのか、それさえ分からない。にもかかわらず収奪の強度はますます増大している。これが資本主義が「進化の極限」に達した姿なのだと思います。

●死ぬことを代償にしてまで経済活動するのか

内田：中国の場合がそうです。すごい勢いで経済成長を遂げているけれども、その過程で大気が汚染されてしまった。北京ではもう息が吸えない状態になっている。でも、「もうしばらく高い経済成長率を維持しなければならないのだから、しばらく息を止めていてくれ」というわけにはゆかない。みんな空気を吸わなきゃ生きていけないわけですから。そうなってくると、大気とか水質とか森林とか海洋とか、そういう自然環境であったり、社会的なインフラであったり、司法や医療や教育や行政のような制度資本であったり、人間の共同体が存続するために必須の「社会的共通資本」は、経済成長を犠牲にしても、定常的に維持管理しなければいけない。

一九世紀の資本家は労働者を二四時間休みなく働かせたいと願っていたけれど、それをすると労働者がみんな死んでしまう。仕方がないので、労働時間の上限を受け容れたというのと話は同じです。システムそのものは大気が汚れようと、水が飲めなくなろうと、気にしません。でも、生身の人間はそれでは生きていけない。資本主義は進化の極限で、やはり「人間の身体をどこまで壊すことができるか」という問題に直面する。それに対して、人間の身体の側が抵抗を始めている。なぜ、自分たちが病み、死ぬことを代償にしてまで経済成長しなければいけないのか、企業が利益を上げ続けなければならないのか。それが分からない。

経済活動というのは、発生的には人間のさまざまな欲求を充たすために始まったはずではないのか。それが人間の欲求を抑圧しなければ維持できないシステムになり果てたというのは、話の筋目が違うのじゃないか。そういう反省が世界中で出てきていると思うんです。その抵抗の動きを担っているのが、やっぱり人間の生身じゃないかなという気がするんで。人間の身体が復権を求めていると。

●日本で若者が「変えるな」と主張している意味

内田：いまの日本の政治状況というのも、それに近いと思うんです。去年の夏に安保法制の国会前集会に行った時に——何度もいらっしゃった方もいらっしゃるでしょうし、テレビでも報道されていましたけれども——、国会の中ではおじさんたちが握りこぶしで殴り合ったりして、「国のかたちを早く変えるんだ」と言って大騒ぎをしていましたが、外側にいた人たちは「憲法を守れ」、「民主主義を守れ」、「野党がんばれ」と言っていた。ぼくはその場に立ち会っていて、驚きを感じた。若者たちが「制度を変えるな」と主張し、権力者の側が「変えたい」と言っている。こういう対比を、かつてぼくは見たことがない。つねに若者が改革派で、老人たちが保守派だった。いまは逆になっている。若者たちがこれ以上「変化し続ける」ことを拒んで、足を止めることを求めている。

安倍政権は「過激派」と呼んでいいと思います。「革命政権」と言ってもいい。やろうとしていること自体は自民党の党是の通りなんですけれども、スケールとスピードが違う。半端じゃないんです。アクセルをほんとうに踏み込んでいるわけです。改憲というのは、自民党の場合は結党以来の悲願であるわけですけれども、ここまで短期間で成し遂げようとしたことは前例がない。この異常な速度への固執、加速というのは、一秒間に一〇〇〇回も株の取引をしないと回らなくなった資本主義経済活動の末期症状と非常に顔付きが似ている。もう身体の受忍限界を超えている。

だから、それに対して、若者たちがまず声をあげて、「ちょっと止めてくれ」と言い出した。それに対して、政権の側が「対案があるのか」とか反論してくるけれど、若者は「対案なんかない。ちょっとアクセルを踏むのをやめてくれないかと言っているんだ」という構図です。若い人たちの政治運動が、社会を変化させることに対して、「ストップ!」と悲鳴を上げたことは日本の政治史上初めてだろうとぼくは思います。これまで若者たちは、社会システムをどう変えるかについてはずいぶん議論したけれども、「ちょっと待って!」とか、「一回止めて、いまある仕組みの可否をゆっくり吟味しよう」という「冷静になれ」ということを国会外の市民運動や大衆運動が求めたことは過去になかったんじゃないですか。ぼくには記憶がない。

●過去の日本の左翼運動には身体性がなかった

内田：これをぼくは日本の政治運動が初めて身体性を獲得した画期的な出来事じゃないかと評価しています。ぼく自身が一九六〇年代、七〇年代にコミットした左翼の政治運動というのは、身体性がまったくなかった。身体性が声高に語られてはいましたけれど、現実にはまるでヴァーチャルな運動だった。

だって、学内でデモしていて、よその党派とぶつかって石を投げ合ったり、殴り合ったりしているときに、学生がザーッといなくなっちゃうんですよ。「おい、どうして帰っちゃうんだよ」って訊いたら、「いや、次、体育の授業あるから」って。駒場のある党派の幹部だったやつと学内で会ったとき、成田での集会が翌日あったんで「明日、お前、成田に行く？」って訊いたら、「行くわけないだろう」と憤然と答えるんです。「なんで？」って訊いたら、「だって明日、試験だから」って。授業の出席日数を気にしたり、試験の点が大事なやつがどうして「お前ら、革命性が足りないよ」とか言って他の学生を怒鳴りつけたりできるのかなと思っていました。

でも、当時はそれが「普通」だったんです。パートタイムの学生運動だった。クラブ活動みたいなものだったんです。だから、彼らは就活の時期になると全員が髪を短く切って、スーツを着て、ネクタイを締めて、企業の面接にいそいそと出かけて行った。ちょっと前まで「日帝打倒！」とか言っていた連中が、さしたる内的葛藤もなく、企業戦士に変わっていった。その時にぼくは「ああこの人たちの政治には身体がないんだ。生活の裏づけがないんだ」と思いました。頭のなかでこしらえ上げたヴァーチャルなゲームだったんです。純粋な理論的構築物としての政治思想や組織論があって、その過激さとか整合性とかを競い合っていた。でも、それをどうやって自分の身体で表現するか、自分の生活で表現するかにはあまり真剣には取り組まなかった。そういう学生たちのありようにはずいぶん失望しました。

●生活実感が牽引するいまの社会運動

内田：だから、いまの日本の学生たちの運動を見ていると、ＳＥＡＬＤｓの若者が言っていることは、とくに政治的な理念として先端的でもないし、それほど突出しているわけでもない。ごく平凡な、常識的なことを言っている。でも、運動としては非凡な部分がある。それは「身体性がある」ということです。「生活に根差している」ということです。自分の生活を維持していて、学校へ行って勉強したり、バイトしたり、デートしたりとかしながら、その合間に闘争をやっていて、それが全部つながっている。授業にも出るし、デモにも行く。その優劣があるわけじゃない。同じプラットフォームの上に並んでいる。それがぼくにはとても新鮮でした。そうじゃないと長期にわたる政治闘争というのは担い切れないということを彼らは分かっている。直感的に分かっている。それはいま全世界的に起きていることだと思うんです。

日本で起きているのも、「左翼のバックラッシュ」というのではなくて、むしろ「生身の身体のバックラッシュ」ということなんじゃないかと思う。何か綱領的に正しいことを掲げて、そのために運動を設計しているということではなくて、「なんだかこの空気に耐えられない」「黙っていられない」「いても立ってもいられない」というリアルな衝動がまずあって、それが組織づくりや理論的裏づけを求めて、しだいにかたちになっていった。起点に身体感覚があり、自分の生活実感がある。そういうものが社会改革運動を牽引していったことって、日本政治史にはなかったと思うんです。労働者たちの運動はあったけれど、それは思想的な「前衛」が「領導」したりしたわけで、労働者たちの生活実感や身体実感が「まず」あって、それが自然発生的な組織をつくり上げ、綱領的な言葉を創り出したということって、希有なことじゃないかという気がするんです。

たぶん明治の頃の自由民権運動には、それに近いものがあったのかもしれない。ぼくは

「反骨の系譜」と呼んでいるんですけれど、幕末から明治末期にかけて、背骨のしっかり通った反権力的な潮流が存在した。勝海舟、福沢諭吉、坂本龍馬、中江兆民、幸徳秋水……そういう系譜というのがあったと思います。秋霜烈日たる武士道精神、高い身体性、熱い惻隠の情、先端的な学知、そういうものが渾然一体となった思想と運動がかつては日本にもあった。この系譜がそのまま生き続けて日本の社会運動・労働運動を支えてくれていれば、思想を受肉した運動や組織ができたかもしれない。でも、残念ながら幸徳秋水の刑死を最後にして、この系譜は断絶してしまった。そして、外国から社会理論だけが輸入されて、それが「左翼の政治思想」というものをかたちづくった。こうして、欧米から輸入された資本主義の収奪のシステムに欧米から輸入された社会理論が対峙するという構図が日本にはできあがった。

●古いものの上に現行システムがあるヨーロッパ

内田：トリーアでローマ帝国の遺跡を見た時に、「なんでドイツにローマがあるの……」と思ったんですけど、その時に、「ああ、だから、『神聖ローマ帝国』なのか」ということが分かった。ナチスが「第三帝国」を名乗ったのもそうですね。彼らも主観的にはドイツはローマ帝国の系譜に連なるのだと思っていた。ドイツ人にとっては「帝国」という概念がたしかに「受肉」しているんだということが分かった。

同じようなことを、リバプールの非常に空疎な豪奢さを見た時にも感じました。たいへんなお金をかけてつくられたリバプールの町並みを見て、これはまたすさまじいかたちで全世界の富を収奪したものだと、ぼくはちょっと気分が悪かったんです。「いくらでも金はあるぞ」と言って建てた建物というのは、やっぱり「いくらでも金はあるぞ」ということを誇示するために建てられた建物以外の何ものでもない。それを建てた資本家たちの等身大の人間性が透けて見える。なるほど、と思いました。街並みに人間性が出てしまう。そこがヨーロッパらしいと思いました。

ヨーロッパは分厚い歴史的堆積の上に乗っている。古い建物が残っているということもあるけれども、古いシステムも、古い感情も、古い生活文化も全部残っている。それの上に現行のシステムがある。だから、新しいものをつくろうという時にも、その土壌の中から生まれてくる。そこからしか生まれてこない。そういう土壌がある。

でも、日本にはそういう土壌があるのか。例えば資本主義のメカニズムというものを根源的に批判するような思想なり運動なりが、日本の伝統から生まれてくるということがあるのか。ぼくはたぶんないと思う。資本主義を生み出したのが日本じゃないから。これは外来生物なんです。だから、それが生まれた出自の土壌からしか、それを制御できるものは生まれてこない。

●「人間の顔」が見えるような運動

内田：でも、いま日本で行われている運動というのは、その限界を克服しようとしているようにぼくには見えました。それは「人間の顔」が見えるようにしたいということだと思うんです。

例えば、原発事故の問題では、東電の経営陣を訴えるということがなされている。具体的な顔の見える人間たちを前面に出そうとしている。もちろん、訴えられた経営者たちは「私たちはしょせん、システムの一部品に過ぎません。企業の犯した過失について責任を取れるほどの権限は持たされていませんでした」と言い訳するでしょう。でも、そういう言い訳をする個人をメディアの前に引きずり出すということはやはり大切だろうと思います。

システムというのは、できる限り生身の身体と固有名を持たないように動きます。だから、顔が出て、固有名が明かされた段階で、そういう人たちは「トカゲの尻尾切り」でシステムに切り捨てられる。匿名のものしかシステムの中に居場所がない。そういうふうに制度が設計されている。それに対して市民の側が生身の身体と固有名をもってそれに対峙しようとしている。そして、システムの側に「あなたがたも生身の身体と固有名をもってわれわれに対峙せよ」と要求している。これは条理の通った話だとぼくは思います。

そういうような政治状況が、いま世界中で、出てきているのではないでしょうか。いまごろ気がつくというのもなんですけれども、ヨーロッパに来てやっとそう感じることができました。「ヨーロッパの資本主義というのは、まさにヨーロッパの土壌から生まれてきたものなんだ」と実感できた。彼らの信仰であったり、言語であったり、儀礼であったり、生活文化であったり、そういうものから生まれてきたものだ、と。

先ほど、マンチェスターで織物機械を見た時の話をしました。「あ、この機械をつくり出したのは、人間の情念だ」って実感したわけです。H・R・ギーガーという画家が『エイリアン』という映画の怪物のデザインをしました。「バイオメカノイド」というのがその怪物のコンセプトでした。機械と人間というか、機械と生物の合体したものなんです。それがきわめておぞましい造形で、ぼくは久しくギーガーという人の作家的独創性に感服していたのです。
でも同時に、あの機械群を見たときに、ギーガーのエイリアンの造形はちゃんとそれが生まれ育つような土壌があったんだということが分かりました。ギーガーのエイリアン「そのもの」のような機械がありました。写真を撮って、ツイッターに上げたんですけれど、それに「なんという凶悪な顔つき」というコメントを付けました。でも、よく考えると、機械が「凶悪な顔つき」をしているということ、凶悪な顔つきの機械をつくれるということもまた一つの文化的な資源なんだと思います。これもまた文化の厚みから生まれるものなのだという気がしました。文化に厚みがあるからこそ、その「凶悪なもの」に拮抗しうるようなものも生成する。そう言えるのかもしれません。今回の旅では、わずかな期間ではありますが、そういうことを感じました。

会場：（拍手）

【対談と質疑】

内田：ちょっと喉が渇いたので、なんかちょっと、水かなんかいただけますか。喉がからからで。ちょっともうね、喉がもたないんです。あ、お茶ですか、お茶でいいです。お願いします。石川さんは？

石川：ぼくは風邪を引いていないので（笑）、ビールまで耐えようと。

会場：（笑）

石川：あ、あれ、お茶ですか。ありがとうございます（笑）。

いまの内田先生のお話は、マルクスにつながるところがたくさんあったと思うんです。全部つながっていたといってもいいくらい。

●「人はまず、飲み、食い、着、住まねばならない」

例えば、身体性の話をされました。経済は、本来、衣食住を満たすためのものだろうと。その通りですね。若いマルクスにとって社会理論を確立していく重要な飛躍点になった書き物に『ドイツ・イデオロギー』があります。エンゲルスといっしょに書いたもので、マルクス、エンゲルスの生前には本になりませんでした。そこで強調された考え方のひとつが、「人はまず、飲み、食い、着、住まねばならない」というものです。政治を語る前に経済がなければならない、飯を食わねばならない、それがあって初めて、政治、文化、思想が成り立つというわけです。ただし、経済は歴史のなかで、段階的な変化を見せ、今日では資本家と労働者の対立を特徴とするものになっている。だから、それに対応した政治、文化、思想がその上に乗った社会になっていると考えました。先ほど紹介したところですね。

それから、さらにもうちょっと若い時期には、マルクスはユダヤ人ですから、ユダヤ人に対する差別の意識は肌身で強く感じているのですが、そのユダヤ人の解放にかかわって、政治的解放、政治的平等の実現だけではだめだ、社会的な解放、経済的な解放なしにユダヤ人をふくめた本当の人間の解放は実現しないと言っています。その経済的な解放が『ドイツ・イデオロギー』で、共産主義革命というかたちでまとめられるようになるのです。現代に生きるぼくたちも、「日本国憲法」によって法的平等を与えられていますが、同時に、貧富の格差のなかにいるわけです。年収一〇〇億円という人間と、月収二〇万円未満というちの息子と、この格差を放置したままで、政治的には平等だからいいじゃないかという話は通らない。これがマルクスの出発点でした。

●「何に使うか分からないが金をためる」への変化

石川：それから、「いくら儲けても、ぜいたく飯には限度がある」という話がありましたが、関連してマルクスはこんなことを言っています。「食える」分以上に富の蓄積を可能にしたのは、貨幣経済の発展、特に金属貨幣の実現なのだということです。

マルクスはあらかじめ交換を目的に生活用品をつくる商品経済あるいは市場経済と、そこでの商品交換に貨幣が不可欠となる段階に達した貨幣経済と、さらに貨幣経済の発展の極致として労働力までもが売買される資本主義を、歴史の発展段階として区別しました。そのなかで貨幣経済は、「貨幣」の役割を塩とか、家畜とか、布といったものに託していた段階から、金や銀のような貴金属に託す段階に移っていく。それによって蓄積衝動の限界が取り払われたというのです。

塩、家畜、布には使用の限度があり、ためこみ過ぎれば腐ってしまう。しかし、腐食しない貴金属は、永遠の蓄積が可能である。そこから「食うために金をためる」から、「何に使うか分からないが金をためる」への変化が起こったというのです。その上に、資本主義的な競争の論理が乗っていく。資本金一〇億円以上の日本の大企業は、いま合計で三〇〇兆円を超える内部留保をもっていますが、確かに、それも具体的に「何に使うか」を見据えて貯め込んでいる金ではありません。

内田：うーん。

石川：日本の国家予算の三倍以上。しかも、その額は、増えっぱなしです。国民の平均的な所得水準は一九九七年をピークに、ずっと落ち込んでいるにもかかわらず。そこには文字通り「経済の二極化」があらわれています。内田先生がよく必要性を指摘される「贈与」の機能が働いていない。それは個別資本による際限のない蓄積衝動によるわけです。金属貨幣の登場と、資本の論理の形成が、人間の肉体がもっていた蓄積欲の限界の箍《たが》を外したということです。

あと、機械の話も、マルクスに通じていると思いました。

内田：あ、そうですか？

●機械を敵だと思ってしまった最初の理由

石川：マルクスは、当時の機械の基本的な構造を三つの部分にわけています。現在は、もっとずっと複雑なのかもしれませんが。ひとつは、作業機という、機械のいわば最前線で「糸を引っ張ります」とか「糸を縒ります」とか、原材料に直接働きかけて、具体的な作業を行う部分です。もうひとつは、その反対側にある原動機です。人力だったり、馬の力だったり、水力だったり、蒸気機関だったり、いまだったらエンジンだったりモーターだったりする部分です。三つ目が、その両者をつなげる伝導機の部分です。モーターの回転運動を、たたく運動にかえるとか、ものをつり上げる運動にかえるとか、運動の仕方を作業機にあわせて転換していく部分です。

この先端の作業機の出発点が、人間、職人の手の動きなんですよ。職人の動きをいかにして、道具で再現するかを考えて、その動きを模倣した。そういえば、いまでも職人の全身にセンサーをつけてコンピューターに覚えさせ、それを機械に写し取ろうなんてことが行われていますね。だから、労働者からすれば作業機がすごく分かりやすいものに見えるわけです。そこに「取りつく島」があったのでしょうね。「これっておれの代わりじゃないか」とそう思えるつながりが。だから「機械がおれを失業させている」「おれの生活苦の原因はこの機械だ」という、ラッダイト運動のような機械打ち壊しが、初期の労働運動には広く起こってくるわけです。

〔補足――作業機と労働者、ラッダイト運動（マルクス）〕

「道具機または本来の作業機をもっと詳しく考察すると……一般に、手工業者やマニュファクチュア労働者が作業するときに用いる装置と道具類が再現する。ただし人間の道具としてではなく、いまやひとつの機械の道具として、または機械的道具として、である」（マルクス『資本論』Ⅰb、新日本出版社上製版、六四四ページ）

「一九世紀の最初の一五年間にイギリスの製造業地帯に生じた諸機械の大量の破壊――それは、とくに蒸気機関の利用の結果であるが――は、ラダ《マ》イ《マ》ト運動の名で知られ、シドマス、カースルレイなどの反ジャコバン的政府に、きわめて反動的な弾圧を行う口実を与えた。労働者が、機械とその資本主義的使用から区別し、それゆえ彼の攻撃を物質的生産手段そのものからその社会的利用形態に移すことを学ぶまでには、時間と経験が必要だった」（同上、七三八ページ）

内田：あの運動は機械を擬人化しないと絶対できませんもんね。

石川：そうですよね。

●遊牧民が持ち運べる限界を財産の限界にした意味

内田：でね、その、箍が外れたという話でね、ぼくの知り合いのイスラーム法学の中田考先生という人が、あの人はいろんなことをやっているんだけれども、「カリフ論」とは別に、「金貨の伝道師」をやっているんですよ。

石川：キンカ？

内田：うん。「財産はすべからく金貨で持つべし」という。

石川：ああ、金貨。

内田：で、「なんで金貨なんですか」と訊いたんです。それは持ち運べる量に上限があるから。「財産はいくらあっても構わない」というのは、定住民の発想なんです。遊牧民は移動生活者ですから、所有しうる財産には持って運べるという条件がつく。持ち運べないものは、不動産とかは、財産にカウントされない。だから財産の基本形態は金になる。金のインゴットは重さが一一キロで、いまの金価格でだいたい四〇〇〇万円くらいなんです。それが「いざ」というときに、背中に背負って持ち運べる限界。欲を出してインゴットを一〇個も背負ったら、腰をいわせてしまうし、よろよろしているうちに砂漠で渇き死にしてしまう。生身の人間一人が背中に担いでいけるのが所有しうる財産の上限である．それ以上所有しても意味がないというのはじつにすぐれた考え方だと思いました。金本位制というのは、経済の暴走をさせないために人類が考え出した知恵だったんですね。

いまはそこが全然違ってきていて、資産というのはもうかたちを持たなくなっているわけですよね。もう紙幣でさえない。電磁パルスとしてケイマン諸島とか一〇〇〇兆円になっても、別にかさが増えるわけじゃない。いくらあっても邪魔にならない。キーボード叩けば一瞬で地球の反対側の口座に移せる。資産というものから量的な差異をなくしたということ、身体性を失ったっていうことが、資本主義が暴走したことのいくつかの理由のなかの重要なひとつだったと思います。

日本だって、よく言われていたじゃないですか。「いくら貯めたって、墓場にまでは持っていけないよ」って。ぼくが子どもの頃、お金の話をすると父親は怒ったんですよ。「子どもは金の話をするもんじゃない」って。それどころか「子どもは金に触ってはいかん」とまで言っていましたね。ぼくはよく分からなかったんだけれど、父親は明治の人間ですから「貨幣というのは本質的に穢れたものである」という、ほとんど宗教的な禁忌が彼らのなかにまだ伏流していたのかなと思います。もちろん、うちの父だって、勤め人だったし、会社経営もしていたわけですから、貨幣経済に組み込まれて活動していた。でも、それにもかかわらず、子どもたちに向かっては「金というのは穢れたものであり、取り扱いの危険なものであるのだから、お前のようなまだ世の中の仕組みが分かっていない子どもが手で触れたり、操作したりしてはいけない」という態度をとっていた。でも、そういう態度は一九五〇年代までは日本の文化のなかではごく「ふつうのこと」だったんです。そういう禁忌も、資本主義経済の暴走を防ぐための、足を止めるための、一つの「枷《かせ》」としてあったんですね。その枷が一個ずつ壊れていったというのが、日本の現状かなという気がしますね。

もうみんなもビール飲みたいですか。

松竹：中途半端に質問してもあれなので、これで終わって、あとは飲みながらということで。

内田：はい、飲みながら。和気あいあいと。

旅ガイド
（3月28日続）

対談のあとは夕食です。対談と同じく会場は中華料理店。お店の名前が中華帝国（Imperial China）というのはご愛敬でしょうか。

ツアーもそろそろ終わりかけ。最後の対談も終わったということで、ちょっとリラックスした雰囲気です。石川さんの誕生日をみんなでお祝いし、盛り上がりましたし。参加者からは、ツアーに参加した動機、感想なども語られました。ツアーには二〇代の若者が四人も参加していたのですが、内田さんの本を読んで自分の生き方を決めたという方もいて、その熱さが伝わってきます。

さて、明日はオプショナル・ツアーの一日です。夕食では全員が揃うんですが、とても騒々しい場所の予定です。ですから、このツアー全体を通した感想など、ここでお聞かせ願えますか？

●若い人の成長と変化を間近に見ることができた

池田：今回のツアーに参加して、自分がいかにものを知らないかということや、関心の持ち方に偏りがあるかということを、本当に痛感させられました。みなさんがとってもよく勉強しておられるということに刺激を受けました。わたしもがんばって勉強しようと思っています。

若い方がたは、内田先生に惹かれて、がんばって参加なさったんですね。自分のことをプチ内田くらいに思って参加した若者が、何日かをいっしょに過ごして、内田さんを相対化したみたいなところがあり、それは一段成長したということを意味していて、そういう変化を間近に見ることができて、すごく感動しています。

それから、わたしの荷物があまりにも少ないということをいろいろな方々に言われるので、ちょっと説明しておきます。私は何日の旅行でも一泊二日の用意しかしてきません。あのトランクのなかには三冊の本が入っていて、そのうちの一冊は結構大きなドイツ語の辞書です。私は、毎日少しでもドイツ語の翻訳をしないと体調を崩すという体質で、辞書をひくという楽しみがなければ旅行の楽しみも減るので、持ち歩いているんです。それを入れてあの大きさということは、服を洗ったあとに絞って、バスタオルに撒いてさらに絞ると、次の朝までに乾いているということなんです。永六輔さんに伝授してもらった方法なので、ご紹介しておきます。

●内田先生との互いに引かないケンカを通じて

石川：誕生日のお祝いをありがとうございます。

ぼくが内田先生と初めてお会いしたのは、二一年前のことです。神戸女学院大学で働くことになってすぐに、「酒飲みに行こう」って誘われて、浴びるように飲んで泥酔したんです。もう時効でしょうが、その後、内田先生はでかいバイクにまたがって家に帰り、他方、ぼくは阪急電車に乗りましたが、「十三」駅で耐えられなくなって、電車を降りて、ゴミ箱にゲロを吐いていたのでした。それが親しいお付き合いの初日です。忘れてしまいたいけれど、忘れることのできない印象的な出会いの日なのでした。

神戸女学院大学には極楽スキーという、気の合う教職員が、三泊四日で長野県にスキーに行くという企画があります。もう三〇～四〇年もつづいているそうです。誘っていただいたおそらく最初の年に、政治についての議論になりました。酒の勢いもあったのでしょうが、夜中の三時くらいまで、互いに引かない激論を交わしました。さっき内田先生が、ぼくが所属した組織に石を投げていたなんて言われていましたが、一度だけ、実際にそんなケンカのようなこともあったのです。同じ部屋でその様子を見ていた年配の先生が、「極楽スキーでは、明日から政治論議は禁止だ」と禁止令を出しました。でも、そこで腹を割って、言いたいことを言い合ったことが、結果的にはお互いへの理解と信頼を深めたように思っています。この話は『若マル』のどこかに書きましたかね。

この旅行での話を聞いていただいて分かるように、ぼくと内田先生には意見の違いはいろいろあるんです。ものを見る角度の違いは大きいでしょうし、政治的な立場の違いもある。だけど、それぞれが考えて、真っ当な、人の暮らしやすい、誰にも息のしやすい社会をつくろうとしていることは了解しあっているわけです。そして、それをお互いに尊重しています。最近は、往復書簡とか、飲み会とか、対談とかだけでなく、シールズ関西とか関西市民連合とか、そういう社会運動の現場でもいろいろ顔をあわせることが増えています。それは、さらにお互いの信頼を深めあう過程になっていると思います。

内田先生とぼくが書いている本は『若者よ、マルクスを読もう』というタイトルですが、ぼくたちの言うことを読んでくれという本ではありません。文字どおり「マルクスそのものを読もう」という本です。『若マル』はそのきっかけとなることをめざしたものです。まだ、読まれていない方もあるかと思いますが、ぜひ、手にとってみてください。

●生身の人間を見てからしか判断できないから

内田：ぼくに会えると思ってこのツアーに参加した若者たちがいるんですね。若い人たちがぼくの本をそんなふうに読んでいて、真剣に自己陶冶の一つの手がかりとしてくれているとは。そういうことをたまに聞いたことはあるんですけれども、これまでは、「あ、そうですか」と聞き流していたんです。けれども、一年半もバイトして旅行に来ているという話を聞いちゃうと、涙が出るというか、期待は失望の母というような、そういう古典的な心理を経験させてしまっているんじゃないかと思うと、本当に申し訳ないんです。

ぼくはこういう等身大の人間で、自分を大きく見せることもなくて、ずっとたんたんと自分が生きて、思っていることを自分の言葉で言い続けてきたんです。石川さんとの出会いというのも、先ほど話されたように、死ぬほど酔っぱらって、あまりに酔っ払って意識を失っていたので、バイクに乗っちゃいけないということも忘れちゃって。幸い事故にも遭わなかったですけど。

まあ、とにかく石川さんとは二〇何年ごいっしょしましたが、本当に頼りになる男です。ぼくはさっき言った通り、日本共産党とは長く闘ってきたわけでして、「共産党、許すまじ！」という感じだったんですが、そこに彼が登場してきたんです。ぼくは、社会理論よりも人間を信じるほうで、石川さんを見た瞬間に「この男は信用できるかな」と思えた。たった一人の人間によって、日本の社会運動に対してぼくが数十年間思ってきた偏見が打破されていったんです。なかなかいいところだなとまで思ってきて、つい先日、志位さんと握手しちゃったりしました。握手しながら、「行きますよ、今度、代々木にも」と言ったんですが、「オレが代々木になんて行っていいのかな」なんて。これらすべてが、もとはと言えば、石川さんなんです。結局ぼくは、生身の人間を見てからしか判断できない人なんです。理論の整合性とか綱領の真っ当さなんかどうでもいいことで、誰がその言葉を担保しているのかということが大事なんですよ。石川さんは、大学の教師にしては珍しいんですが、酸いも甘いも噛み分けているというか、病に苦しんだり、貧困に苦しんだり、ほんとにプロレタリア・リアリズムの局地で、本当に信じられないような自己努力の結果として、大学の教師としてきちんと仕事をされている。これ、年齢が逆だったりすると、「おい内田！」とか言われたりしてぎくしゃくしたかもしれませんけど。

　今回、旅をいやがった石川さんにはわがままの限りをつくしてご無理をさせましたけれども、よくこんな、きわどいツアーに付き合ってくださいました。参加者が怒り狂って、旅行社の社長の首をつかんで、「このやろー」というようなことにならなくて良かったです。

旅 ガイド

（3月29、30、31日）

二九日はオプショナル・ツアーです。まずは、何と言っても大英博物館でしょ。ロンドンだからお決まりの大英博物館、というわけではありません。やはりこれは「マルクスの旅」なんです。よく知られているように、ロンドンに亡命したマルクスは、マンチェスターにいるエンゲルスの援助を受けながら、『資本論』の執筆に没頭します。そのマルクスが、執筆にかかわる図書、資料を閲覧するため、三〇年以上にわたって通いつめたのが、大英博物館のなかにある図書館でした。

一九九七年、図書館としての機能は別の場所に移され、その後もしばらくの間は、大英博物館図書閲覧室として使われていました。しかし、残念ながら現在、外から見ることしかできません（写真）。

マルクスがここに通いつめたことは有名で、「いつもこの席に座っていた」みたいな伝説も生み出しました。実際は、同じ分野の図書を閲覧することが多かったので、座る椅子は同じではなかったにせよ、一定の範囲に限られていたことが推測されています。

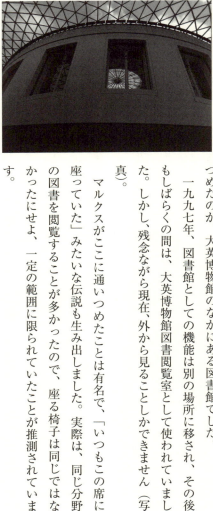

外から眺めるだけなので見学は即座に終了。ツアー一行は、博物館のギリシャ、エジプトの展示を中心に時間を過ごしました。

その後、マルクスが住んだことのある家（写真上）、マルクスが活躍した国際労働者協会の会議が開かれていた場所（写真下）、なども訪問。午後は完全自由行動の時間です。

◇◇◇◇◇◇◇◇◇◇◇◇◇◇◇◇◇

夕食は、ロンドンですから、やはり「Barrow Boy & Banker」という名前のパブ（写真）。これもロンドン名物だから、というだけではないのです。パブって、労働組合の発祥と深いかかわりがあるんです。

産業革命が開始された一八世紀末。労働者たちは、仕事帰りにパブに立ち寄り、一日の憂さ晴らしをします。そのなかから、自分たちの健康と命を守るため、お金を出し合ってプールし、必要な時に使えるようにする制度をつくります。いまでいう保険の始まりです。そのお金を管理したのがパブのマスターだったのです。そうやって労働者の連帯が始まると、ただ保険金を拠出するだけでなく、労働条件を改善するために闘うということになっていき、労働組合が誕生するわけです。パブのマスターが労働組合の委員長だったり、会計係だったりしたそうです。

パブは大賑わいでした。労働組合発祥の場所という雰囲気をツアー参加者が味わえたかどうかは保障できませんけどね。明日は日本に向けて出発です。早めに寝ましょうね。

◇◇◇◇◇◇◇◇◇◇◇◇◇◇◇

さて、翌三〇日です。早朝からヒースロー空港へ。ここで成田組、関空組に分かれて、三一日の朝までの長旅です。

本当にこれで旅は終わり。最後の最後に一言ずつお願いします。

池田：みなさまのおかげで本当に有意義な時間を過ごすことができました。ありがとうございました。自分が何も知らないこと、それ以上に、アメリカ視点で洗脳されているんだということも感じました。アフリカから北米に行った奴隷は何パーセントに過ぎないのに、それについての物語ばかりを頭に詰め込んでいて、ブラジルに行っ

た奴隷があれだけいることについて、見ていたはずなのに見えていなかったのは、とっても怖いことだなあって思いました。昨日は自由時間にテート・ギャラリーというところに行って、ウィリアム・モリスに出会ったんです。わたしは世紀末の美術とかそういうものにちょっと入れ込んでいた時期があったので、うれしかったです。それでウィキペディアのマルクスのところを読んでいたら、ウィリアム・モリスがマルクスといっしょに何かやっていたということが出てきていたので、マルクスがとっても身近になりました。日本に帰ったらそういうことを楽しくお勉強したいと思います。

石川：関西のみなさんとは、まだ一二時間くらいごいっしょしますね。東京のみなさん、ありがとうございました。「時差が大きいところには行かない」という長年の慣習に反して、イヤイヤやって来た旅ではありましたが、たくさんの方とのい

い出会いがありました。今後、どこかですれちがうことがあれば、声をかけてください。私の人生において最初で最後のヨーロッパ旅行は、とても楽しいものでした。みなさん、ありがとうございました。

内田：全日程風邪を引いているという、我が生涯最悪の海外旅行でしたけれども、みなさん方の支えがありまして、なんとか切り抜けることができました。ありがとうございました。今回の旅はずいぶん得るところがありました。大きな発見が二つぐらいありましたので、これからかたちにしていきたいと思います。早速、来週の「アエラ」の巻頭エッセイが回ってくるんですけれども、「いまロンドンの部屋でこれを書いている」なんて、村上龍のエッセイみたいな書き出しで（笑）、一文を寄稿しましたので、ぜひ本屋でお手に取ってみてください。

内田樹（うちだ・たつる）
東京大学文学部卒、東京都立大学大学院博士課程中退。現在、神戸女学院大学名誉教授。専門はフランス現代思想、映画論、武道論。

石川康宏（いしかわ・やすひろ）
京都大学大学院経済学研究科後期博士課程単位取得退学。現在、神戸女学院大学教授。専門は経済学、経済理論。

池田香代子（いけだ・かよこ）
東京都立大学人文学部卒業。ドイツ文学者・翻訳家・口承文芸研究者、エッセイスト、平和運動家。グリム童話の翻訳がライフワーク。

マルクスの心を聴く旅　若者よ、マルクスを読もう（番外編）

2016年9月20日　第1刷発行

発行者　竹村正治
発行所　株式会社　かもがわ出版
〒602-8119　京都市上京区堀川通出水西入
TEL 075-432-2868 FAX 075-432-2869
振替　01010-5-12436
ホームページ　http://www.kamogawa.co.jp
印刷所　シナノ書籍印刷株式会社

ISBN978-4-7803-0856-3　C0030